westermann

Autoren: Elke Helbig, Traudel Sieber

Herausgeber: Wassilios E. Fthenakis

Märchenprojekte in der Kita

Spielen, Staunen und Gestalten

1. Auflage

Bestellnummer 12758

Die in diesem Produkt gemachten Angaben zu Unternehmen (Namen, Internet- und E-Mail-Adressen, Handelsregistereintragungen, Bankverbindungen, Steuer-, Telefon- und Faxnummern und alle weiteren Angaben) sind i. d. R. fiktiv, d. h., sie stehen in keinem Zusammenhang mit einem real existierenden Unternehmen in der dargestellten oder einer ähnlichen Form. Dies gilt auch für alle Kunden, Lieferanten und sonstigen Geschäftspartner der Unternehmen wie z. B. Kreditinstitute, Versicherungsunternehmen und andere Dienstleistungsunternehmen. Ausschließlich zum Zwecke der Authentizität werden die Namen real existierender Unternehmen und z. B. im Fall von Kreditinstituten auch deren IBANs und BICs verwendet.

Zu diesem Produkt sind digitale Zusatzmaterialien kostenlos online für Sie erhältlich. Sie können diese ganz einfach über die Eingabe des nachfolgenden Codes im Suchfeld unter www.westermann.de abrufen.

BVE-12758-001

westermann GRUPPE

Druck und Bindung: Westermann Druck GmbH, Georg-Westermann-Allee 66, 38104 Braunschweig

ISBN 978-3-427-12758-1

INHALT

VORWORT

Eine Fantasiereise ins Land der Märchen

„Es war einmal ..." – so fangen viele Märchen an. Mit diesen Worten beginnt eine Zeit der Fantasie, der Abenteuer, der Gefahren, die immer ein glückliches Ende nimmt. Lassen Sie uns gemeinsam mit einer kleinen Fantasiereise in das Märchenland reisen: Begeben Sie sich mit uns in Ihre Märchenwelt, die Sie in sich tragen, werden Sie sich Ihrer inneren Bilder bewusst und knüpfen Sie an diese für Ihre Arbeit mit Kindern an.

Materialvorbereitung:

* eine CD mit Entspannungsmusik, CD-Player
* ein gemütlicher Platz zum Sitzen oder Liegen
* Malpapier und Stifte, mit denen Sie gerne malen oder Ihre Gedanken aufschreiben

Während Sie die Entspannungsmusik hören, lassen Sie sich den folgenden Text vorlesen oder lesen Sie ihn selbst mit vielen Pausen zum Assoziieren und Nachdenken. Wird Ihnen der Text vorgelesen, können Sie während Ihrer Fantasiereise die Augen schließen.

„Beginnen wir die Reise, da wo Sie jetzt sind. Vergegenwärtigen Sie sich Ihrer körperlichen Verbindung zum Boden – wo spüren Sie diese? Spüren Sie diesen Empfindungen nach. Nun beobachten Sie Ihren Atem – wo atmet es Sie? Wo spüren Sie es?"

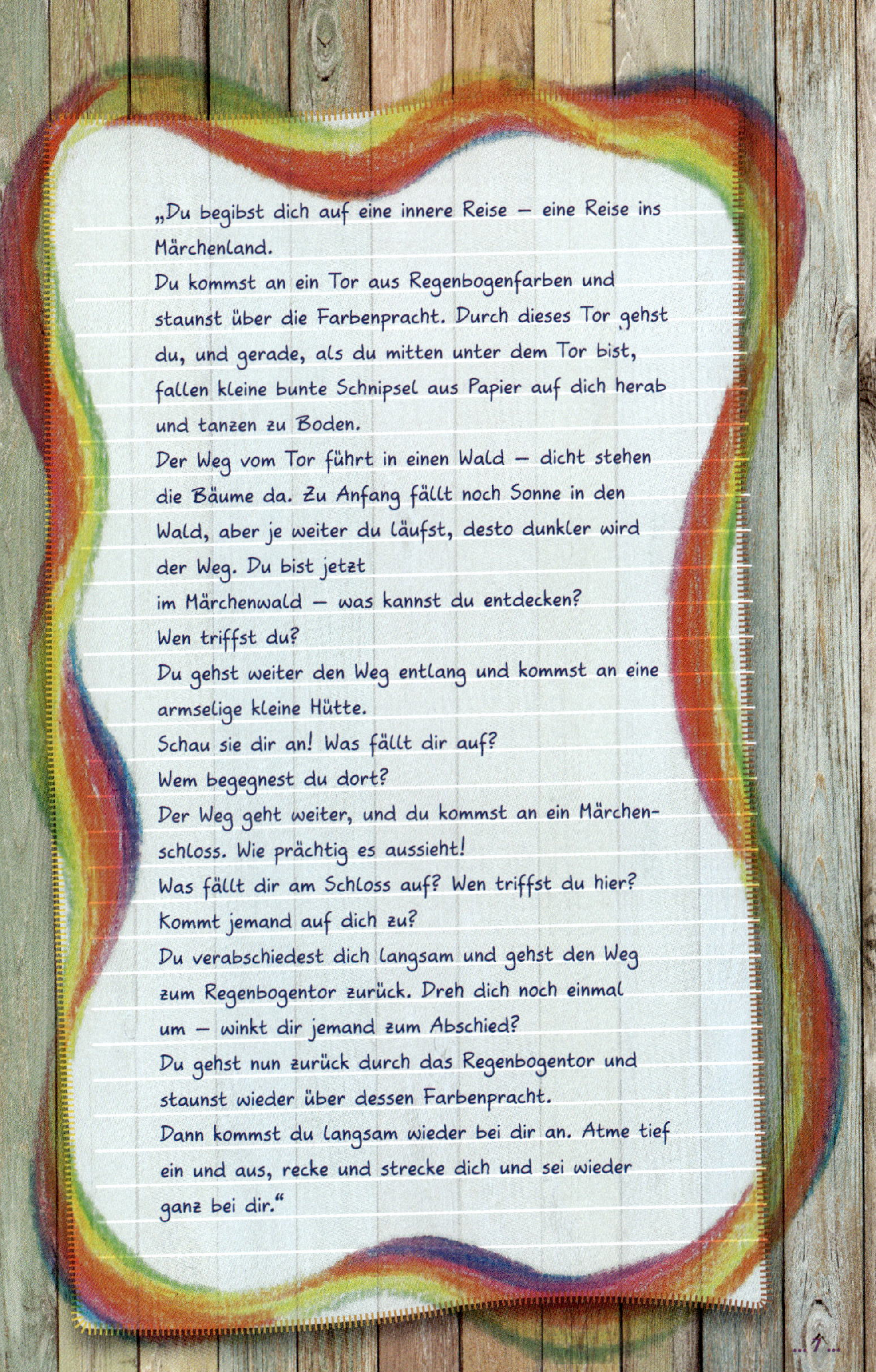

„Du begibst dich auf eine innere Reise – eine Reise ins Märchenland.
Du kommst an ein Tor aus Regenbogenfarben und staunst über die Farbenpracht. Durch dieses Tor gehst du, und gerade, als du mitten unter dem Tor bist, fallen kleine bunte Schnipsel aus Papier auf dich herab und tanzen zu Boden.
Der Weg vom Tor führt in einen Wald – dicht stehen die Bäume da. Zu Anfang fällt noch Sonne in den Wald, aber je weiter du läufst, desto dunkler wird der Weg. Du bist jetzt
im Märchenwald – was kannst du entdecken?
Wen triffst du?
Du gehst weiter den Weg entlang und kommst an eine armselige kleine Hütte.
Schau sie dir an! Was fällt dir auf?
Wem begegnest du dort?
Der Weg geht weiter, und du kommst an ein Märchenschloss. Wie prächtig es aussieht!
Was fällt dir am Schloss auf? Wen triffst du hier?
Kommt jemand auf dich zu?
Du verabschiedest dich langsam und gehst den Weg zum Regenbogentor zurück. Dreh dich noch einmal um – winkt dir jemand zum Abschied?
Du gehst nun zurück durch das Regenbogentor und staunst wieder über dessen Farbenpracht.
Dann kommst du langsam wieder bei dir an. Atme tief ein und aus, recke und strecke dich und sei wieder ganz bei dir.“

Nehmen Sie nun Malpapier und Stifte zur Hand und malen oder notieren Sie alles, was Ihnen auf dieser kleinen Fantasiereise begegnet ist. Die folgenden Fragen geben Ihnen Impulse zur Selbstreflexion:

* An welche Märchenfiguren haben Sie gedacht?
* An welche Märchen?
* Gab es ein Lieblingsmärchen?
* Welche Gefühle wecken die Märchen in Ihnen?
* Warum sind Märchen für Sie wichtig?
* Warum sind Märchen für Ihre pädagogische Arbeit mit Kindern wichtig?

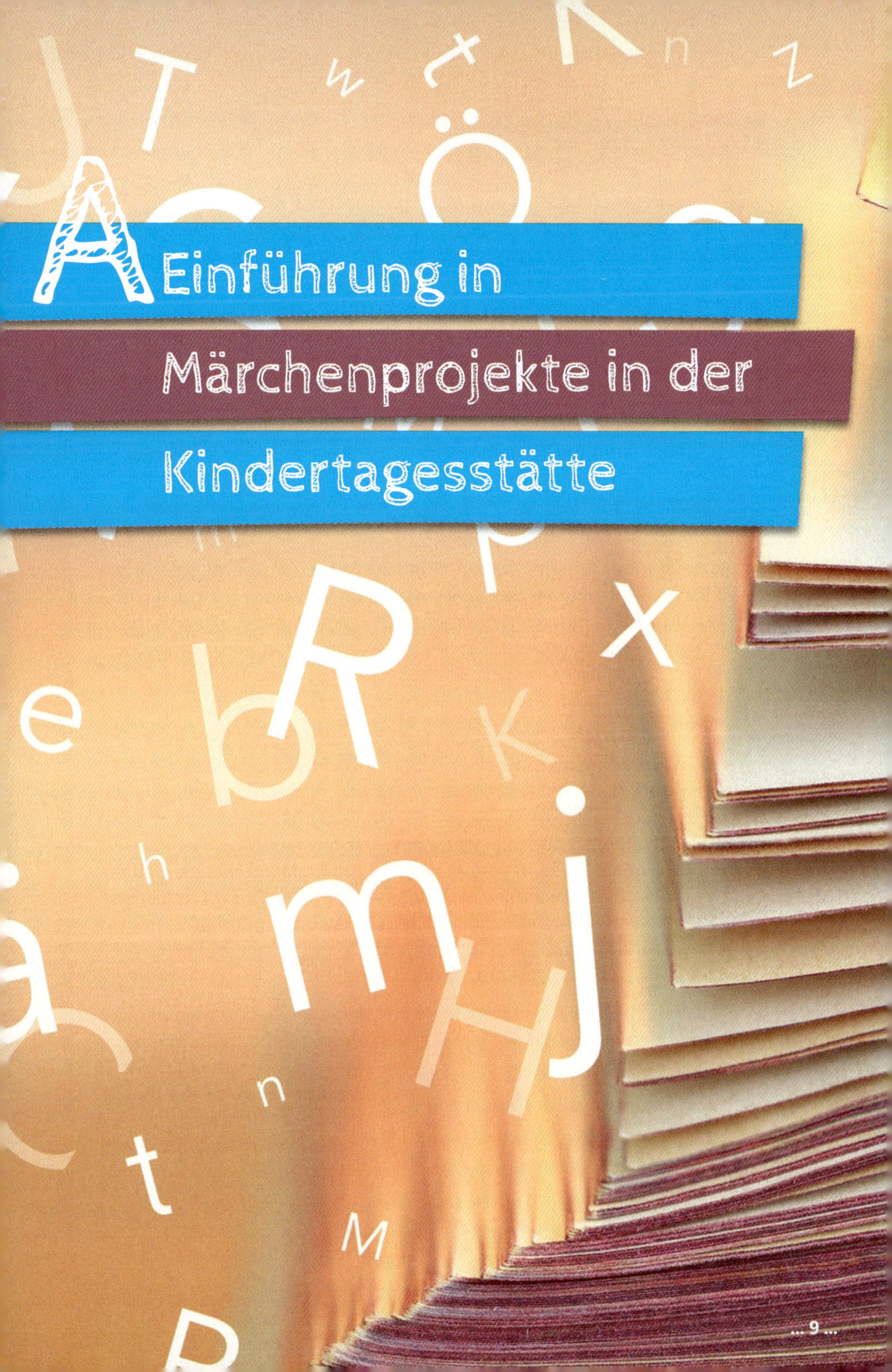

A Einführung in Märchenprojekte in der Kindertagesstätte

1 Was sind Märchen?

Der Begriff „Märchen“ ist eine Verkleinerung des mittelhochdeutschen Wortes „Mär“, gleichbedeutend mit „Kunde“ oder „Nachricht“. Märchen wurden von Erwachsenen zu Erwachsenen erzählt – erst später wurden sie durch die Brüder Grimm zu „Kinder- und Hausmärchen“. Die Märchenerzählungen berichten von fantasievollen, wundersamen Begebenheiten. „Man kannte sie zu allen Zeiten und bei allen Völkern dieser Welt“ (Stöcklin-Meier, 2008, S. 9).

Grundsätzlich wird zwischen Volksmärchen und Kunstmärchen unterschieden: Volksmärchen haben keine bestimmten Autoren, sondern sind „vom Volk“ mündlich überliefert. Sie wurden – vor allem in der Romantik – von Märchensammlern wie Clemens Brentano, den Brüdern Jacob und Wilhelm Grimm, Sigrid Früh und vielen anderen in Büchern aufgeschrieben.

Kunstmärchen dagegen haben einen konkreten Autor, der die „märchenhaften“ Merkmale des Volksmärchens verwendet. Jedoch weisen die Kunstmärchen einen eigenen Stil, eine eigene, spezifische Erzählweise sowie andere Märchenmotive auf. Hier sind als Vertreter Hans Christian Andersen, Wilhelm Hauff oder Janosch zu erwähnen.

Merkmale des europäischen Volksmärchens und dessen Wirkung auf Kinder

„Wenn auch jedes Land seine eigenen Besonderheiten in das Volksmärchen einfließen lässt, so gibt es doch über alle Verschiedenheiten hinweg viele Gemeinsamkeiten, so dass von einem Grundtyp des europäischen Volksmärchens gesprochen werden kann.“
(Lüthi, 1976, S. 28)

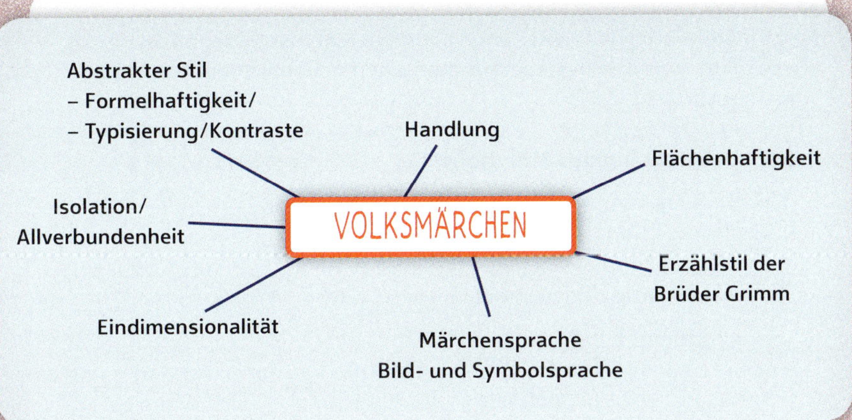

Merkmale des Volksmärchens

Eindimensionalität

Das Volksmärchen besteht aus zwei Welten: der realistischen und der fantastischen Welt. Diese treten nicht als voneinander getrennte Lebenswelten auf, sondern gehen ganz selbstverständlich ineinander über und ergeben zusammen eine Welt. Niemand ist darüber verwundert. Diesem Merkmal des Volksmärchens entspricht die besondere Art des Denkens der Kinder im Vorschulalter: Das sogenannte „magische“ Denken, das Ereignisse höheren Mächten oder Fantasiewelten zuschreibt und das nicht zwischen Fantasie und Realität zu trennen vermag, und der sogenannte „Anthropomorphismus“, der Gegenstände vermenschlicht und zum Beispiel mit ihnen spricht. (Vgl. Büchin-Wilhelm/Jaszus, 2003, S. 36)

Flächenhaftigkeit

Im Volksmärchen finden sich keine Raum- und Zeitangaben. Der Zeitablauf ist bedeutungslos – es war einmal … Den Märchen fehlt die Beziehung zur Vergangenheit (Vorwelt) und zur Zukunft (Nachwelt) – ihr einziger Bezug ist die Gegenwart. Den Märchenfiguren wird keine spezifische Umwelt/Umgebung zugeordnet: Es werden weder Städte (Ausnahme Bremen in den Bremer Stadtmusikanten) noch Länder genannt, in denen sie leben. Es gibt den Wald, das Schloss, die kleine Hütte – aber keine genauen Ortsbeschreibungen. Zudem werden die Protagonisten nicht genau beschrieben, ihre Innenwelt wird nicht näher erläutert. Diese Flächenhaftigkeit macht das Märchen für Kinder so geeignet, denn durch das bloße Benennen von Orten, Personen oder Handlungen werden sie in ihrer Fantasie

stark angeregt. Das Kind kann sich seine eigenen Bilder ausmalen, je nachdem, was ihm in seiner momentanen Lebenssituation wichtig erscheint.

Der abstrakte Stil des Märchens

„Die stark stilisierende, isolierende, steigernde, von der Fülle, Tiefe, Nuanciertheit und Gefühlsbezogenheit alles Wirklichen sich entfernende Darstellungsweise des Märchens kann als Sublimierung, sein Stil [...] als abstrakt bezeichnet werden." (Lüthi, 1976, S. 35)

Formelhaftigkeit/Zahlen

Zu den Formeln gehören nicht nur die fest verankerten Anfangs- und Schlusssätze der Volksmärchen („Es war einmal..." und „Wenn sie nicht gestorben sind ..."), sondern auch Verse oder Lieder und wörtlich wiederholte direkte Reden. Beispiele: „Die Guten ins Töpfchen – die Schlechten ins Kröpfchen" aus Aschenputtel oder „Spieglein, Spieglein an der Wand, wer ist die Schönste im ganzen Land?" aus Schneewittchen. Das Märchen zeigt eine Vorliebe für Wiederholungen: Die Formel der Dreizahl und das Gesetz der Steigerung. Die Dreizahl wird handlungsbildend verwandt und zwar so, dass bei jeder Wiederholung der Handlung eine Steigerung eintritt (z.B. drei immer stärkere tödliche Gegenstände bei Schneewittchen – Gürtel, Kamm und dann der vergiftete Apfel). Weitere „magische" Zahlen sind beispielsweise: sieben, zwölf, hundert. Die Formelhaftigkeit der Volksmärchen gibt den Kindern Orientierung und Sicherheit: Die Eingangsformel stimmt das Kind in die Märchenwelt ein, die Schlussformel signalisiert das sichere gute Ende und rundet das Märchen ab. Wiederholende Verse bieten den Kindern eine Orientierungshilfe in der Handlung. Außerdem werden sie angeregt, die Verse mitzusprechen, was ihrer Sprachförderung dient.

Typisierung/Kontraste

Die Charaktere der Märchenfiguren werden mit typischen, knappen Eigenschaften benannt, die nicht näher erläutert werden (zum Beispiel „gut und fromm"). Zumeist sind in den längeren Märchen starke Kontraste enthalten: gegensätzliche Märchenfiguren (schöne Prinzessin – hässliche Hexe) oder gegensätzliche inhaltliche Elemente (silbernes Gewand – schmutziger Arbeitskittel / arm – reich). Für die Kinder bieten diese kurzen Typisierungen zum einen Anregung ihrer Fantasie, zum anderen helfen sie ihnen, der Handlung besser folgen zu können.

Handlung

Die Handlung der Volksmärchen ist meist einsträngig und klar ausgerichtet. Eine Situation reiht sich an die andere (Reihung). Selten gibt es mehrsträngige Märchen. In der Märchenhandlung steckt immer eine innere Ordnung: Das Gute siegt über das Böse! Die Märchenbilder, die dadurch den Kindern vermittelt werden, entsprechen dem kindlichen Bedürfnis nach Klarheit und Unmissverständlichkeit. So erfährt das Kind „Gut" und „Böse" – „Recht" und „Unrecht" zu unterscheiden und entwickelt grundlegende Moralvorstellungen. Dem Kind wird es eine Genugtuung sein, zu hören und zu erleben, dass das „Böse" bestraft wird – auch wenn die Art der Bestrafung besonders grausam erscheinen mag. Hier geht es aber um Klarheit und Eindeutigkeit, und dadurch können Kinder eigene moralische Kategorien ausbilden.

Isolation/Allverbundenheit

Die Figuren des Märchens gehen als Isolierte durch die Märchenwelt – keiner steht in einer lebendigen Beziehung zu seiner Familie oder zur Umwelt. Jeder muss für sich alleine die Aufgaben (zum Beispiel das Wasser des Lebens holen), Bedürfnisse (zum Beispiel Abenteuerlust) oder andere Schwierigkeiten bewältigen. Und doch sind die Figuren ob ihrer Isoliertheit nicht ohne Hilfe:

„Nicht trotz ihrer Isolierung ist die Märchenfigur kontaktfähig zu allen Helfern, sondern wegen ihr." *(Lüthi, 1974, S. 12)*

Die Märchenfigur ist ganz auf sich selbst konzentriert und steht doch in Verbindung mit allen positiven Kräften der Welt bis zum glücklichen Ziel. Kinder haben sehr früh das Bedürfnis nach Selbständigkeit, nach „Selbermachen" und erwarten wie der Märchenheld/die Märchenheldin keine fremde Hilfe. Dadurch können sie sich leicht mit den handelnden Märchenfiguren identifizieren und somit auf einer imaginären Ebene die „Märchenabenteuer" miterleben, mitleiden, sich mitfreuen.

Erzählstil – Handschrift der Brüder Grimm

Volksmärchen in unserem Kulturraum verbindet man am ehesten mit den Kinder- und Hausmärchen der Brüder Grimm, die Märchen gesammelt und dann aufgeschrieben haben. Insbesondere Wilhelm

Grimm, Sprach- und Literaturwissenschaftler, hat eine stilistische Umarbeitung und Vereinheitlichung vorgenommen:

- Die Geschichte wird durchgehend im Präteritum (1. Vergangenheit) erzählt,
- einfache, überschaubare und kurze Hauptsätze, sowie die wörtliche Rede werden bevorzugt,
- Wiederholungen und Verdoppelungen werden verwendet,
- Verkleinerungen und ältere Sprachformulierungen führen zu einer Poetisierung der Sprache,
- keine Verwendung von Fremdwörtern.

Insgesamt ist festzustellen, dass die Brüder Grimm in der Sprache ihrer Zeit geschrieben haben, d. h. in der Sprache der deutschen Romantik (vgl. Geister, 2019, S. 39).

Märchensprache – Bild- und Symbolsprache

Die Sprache beim Märchen ist bildhaft. Beim intensiven Eintauchen in das erzählte Märchen entstehen beim Zuhörer innere Bilder. Diese Bildsprache ist uns durchaus vertraut – von unseren Träumen oder wenn wir frei unsere inneren Empfindungen malen oder formulieren.

„Die Symbolsprache ist eine Sprache, in der innere Erfahrungen, Gefühle und Gedanken so ausgedrückt werden, als ob es sich um sinnliche Wahrnehmungen, um Ereignisse in der Außenwelt handelte. Es ist eine Sprache, die eine andere Logik hat als unsere Alltagssprache, die wir tagsüber sprechen, eine Logik, in der nicht Zeit und Raum die dominierenden Kategorien sind, sondern Intensität und Assoziation."
(Fromm, 1981, S. 18)

Je nach theoretischem Ansatz können diese Symbole analysiert und gedeutet werden:

- literaturwissenschaftliche Analyse,
- soziologische Analyse,
- anthroposophische Analyse,
- psychologische Analyse.

Da das Ihnen vorliegende Buch in der Elementarpädagogik Einsatz findet, soll hier kurz und allgemein die psychologisch-pädagogische Interpretation von Volksmärchen vorgestellt werden. Vertreter wie Bruno Bettelheim, Eugen Drewermann, Charlotte Bühler oder Verena Kast stützen sich auf die Psychoanalyse von Sigmund Freud und die darauf aufbauende Analytische Psychologie Carl Gustav Jungs. Danach symbolisieren die Märchenhandlungen Reifungs-, Ablösungs- und Individuationsprozesse, und die Märchenfiguren symbolisieren seelische Kräfte und Energien. Im Volksmärchen sind demnach sogenannte archetypischen Bilder und Figuren enthalten, also die dem kollektiven Unbewussten zugehörigen Grundstrukturen menschlicher Handlungs- und Vorstellungsmuster. Ziel der Märchen ist es, nach der allgemein menschlichen Sehnsucht nach Vollkommenheit und Harmonie des eigenen „Selbst“ zu streben und dabei innerseelische Probleme und Konflikte zu bearbeiten.

„Die Bilder des Märchens erzählen innere Vorgänge über äußere Handlungen. Diese Übertragung ermöglicht dem einzelnen Zuhörer eine individuelle Interpretation der Geschehnisse, abhängig von seinen Erfahrungen, seiner Empfindsamkeit und seiner Belastungsfähigkeit. Eine emotionale Überforderung wird vermieden. So werden z. B. Lebensphasen oder Ereignisse wie Pubertät, Partnersuche, Ablösung vom Elternhaus, aber auch Schwangerschaft durch Türme, Dornen, einsame Wanderschaft oder vorübergehende Blindheit verschlüsselt.“

(Fürst, Helbig, Schmitt, 2018, S. 94)

Hinweis:

Die im Praxisteil bearbeiteten Märchen werden auf der Grundlage der psychologisch-pädagogischen Analyse didaktisch erläutert.

2 Welche Bedeutung haben Märchen für Kinder?

„Kinder brauchen Märchen ist ein Plädoyer, Kinder so zu akzeptieren wie sie sind,
und ihnen zu geben, was sie brauchen!“

(Bettelheim, 1977, S. 1)

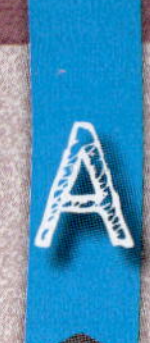

„Märchen ist Welterleben"

(Meier, 1993, S. 112)

Das Märchen ist eine welthaltige Dichtung, weil es allgemeingültige Aussagen über wiederkehrende Lebenssituationen macht (z. B. Geburt, Ablösung, Geschwisterkonstellationen, Partnerfindung, Lebenssinnfindung). In der Symbolsprache verdichtet das Märchen die Ich-findung, Identitätsentwicklung, Konfliktstellungen oder Herausforderungen.

„Märchen sind eine Art Lebenshilfe: Sie geben Mut und Hoffnung, weil am Schluss meist das Kleine, Unterdrückte und scheinbar Schwache siegt."

(Stöcklin-Meier, 2008, S. 27)

Das Kind rüstet sich durch das Märchenerleben innerlich für die Grundthemen des Lebens und baut seine Resilienz für „schlimmere Zeiten" auf.

„Märchen erfüllen Wünsche oft stellvertretend, haben so auch eine Ersatzfunktion. Sie vermeiden aber billige Lösungen, sondern schildern stattdessen häufig, wie der Held oder die Heldin einen Entwicklungsprozess durchläuft, der ganz und gar nicht einfach ist und Mut, Herz und Klugheit verlangt, um ans Ziel zu gelangen. Aufgaben sind zu lösen, Abenteuer zu meistern."

(Wilkes, 2016, S. 51)

Förderung des sozial-emotionalen Entwicklungsbereiches

Vorbilder prägen die Entwicklung in allen Entwicklungsbereichen der Kinder. „Lernen am Modell" (vgl. Bandura, 1976) zeigt dies als psychologische Lerntheorie besonders eindrucksvoll. Bei den Vorbildern bzw. Modellen kann es sich um konkrete Menschen handeln, deren Handlung und Wirkung als besonders anziehend und positiv empfunden wird. Es kann sich jedoch ebenso um vorgestellte Personen, um Protagonisten aus Bilderbüchern oder Märchen handeln.

„Wann interessieren wir uns für eine literarische Figur? Immer dann, wenn sie uns nahe ist, wenn wir in der Lebenssituation des oder der Handelnden Parallelen zur eigenen Lebenssituation erkennen, wenn die Aufgaben und Probleme, vor die er/sie sich gestellt sieht, auch unsere Aufgaben und Probleme sein könnten, wenn die Bedürfnisse des Helden oder der Heldin auch die unseren sind."

(Wilkes, 2016, S. 50)

Besonders die sozialen Gefühlsregungen werden beim Kind angeregt und bereichert, da im Märchen viele Gefühle und Empfindungen miterlebt werden: bangen, sich fürchten, leiden, sich freuen, erleichtert sein usw. Es bleibt aber dem Kind überlassen, in seiner entwicklungsgemäßen Emotionalität zu reagieren und sich gefühlsmäßig soweit auf das Märchen einzulassen, wie das Kind selbst es für richtig hält. Deshalb sind grausame Erzählelemente im Märchen für Kinder je nach Entwicklungsstand relevant und werden je nachdem wahrgenommen, mit eigenen Bildern ausgestattet oder ignoriert.

Im Märchen werden auch Ängste und Bedürfnisse angesprochen, die das Kind noch nicht benennen kann. So findet das Kind im Märchen eine Projektionsfläche, um genau diese Gefühle wahrzunehmen und sich zu identifizieren. Durch sein wiederkehrendes gutes Ende bedeutet das Märchen für Kinder eine emotionale Sicherheit, auch herausfordernde Gefühle und Ängste durchstehen zu können.

In der engen Erzählatmosphäre zwischen dem Märchenerzähler/der Märchenerzählerin und dem Kind bilden sich Vertrauen und Geborgenheit in der Beziehung zueinander – emotionale Nähe.

Förderung des kognitiven Entwicklungsbereiches

Eine Erfassung des Märchens ist ohne fantasiehaftes Vorstellen (Imagination) nicht möglich. Die Eigenart des Märchens kann nur mithilfe der Fantasie erfasst werden. Dadurch, dass es im Vorschulalter noch ein Neben- und Miteinander von Wirklichkeits- und Fantasievorstellungen gibt, scheint das Kind sehr offen zu sein, Märchen zu hören (das sog. „Märchenalter").

„Die Belebung der kindlichen Fantasie durch das Märchen ist keineswegs ein Selbstzweck, sondern für die seelische Gesundheit von großer Bedeutung, was wir aus der Coping-Forschung wissen. Unter dem Begriff Coping versteht man in der Psychologie Selbsthilfemaßnahmen, die in jedem Menschen zur Problembewältigung angelegt werden. [...] Vorerfahrungen speisen sich aus konkret erlebten Situationen, aber auch aus perzipierten Problemstellungen, auf die wir in unserer Fantasie Antworten suchen. Durch die märcheninduzierte Belebung der kindlichen Fantasiewelt, durch das Aufzeigen unterschiedlicher Lösungs- und Entwicklungswege wird die Flexibilität von Kindern im Umgang mit Entwicklungsherausforderungen und Konfliktsituationen vergrößert und ihr Handlungsspektrum erweitert. Kinder fühlen sich sicherer und gefestigter, was die von ihnen als quälend empfundenen Gefühle der Ohnmacht und Angst reduzieren

helfen kann. Auch hierdurch unterstützen Märchen die seelische Gesundheit der Kinder. Märchen sind Mutmachgeschichten: Vertraue den guten Kräften und deinen Fähigkeiten, lautet ihre Botschaft."
(Wilkes, 2016, S. 52)

Sprachförderung ist nicht nur isoliertes gezieltes Sprachtraining, sondern ein Sprachbad, in dem die bildhafte Sprache erlebt wird. Insofern können Märchen als Angebot zur Sprachförderung gesehen werden, als Wortschatzerweiterung, als Entwicklung eines Sprachgefühls und als Anlass über das im Märchen Erlebte selbst zu sprechen. Auch die verbale Gedächtnisleistung, das Merken von Versen, Reimen oder dem genauen Wortlaut dieses Märchensatzes fördert bei den Kindern die eigene Freude an der Sprache. Mit der zunehmenden sprachlichen Kompetenz werden sowohl das Denken wie auch das Weltbild des Kindes komplexer und vielfältiger. Durch die frühe Märchenbegegnung wird die spätere Lesefähigkeit des Kindes, der Umgang mit Texten und Büchern gefördert.

„Als Superdoping für Kindergehirne bezeichnet der Göttinger Neurobiologe Gerald Hüther Märchen. Märchenstunden könnten verstärkt die emotionalen Zentren im Gehirn aktivieren und dabei helfen, dass Kinder Ruhe finden und lernen, sich zu konzentrieren. Beim Erzählen werde die Phantasie und Kreativität der Kinder angeregt: Man muss die Bilder und Gefühle selbst im Kopf erzeugen."
(Stöcklin-Meier, 2008, S. 28)

Bedeutung des Märchens für die literarische Entwicklung

Welche Bedeutung dem Märchen für die literarische Entwicklung des Kindes zukommt, kann nicht eindeutig gesagt werden. Bei vielen Kindern führt die Begegnung mit den Märchen zu einem ersten Höhepunkt literarischen Erlebens und gehört selbstverständlich zur Kindheit wie Reime, Verse und Bilderbücher.

„Die Verzauberung, die wir erleben, wenn wir es uns gestatten, auf ein Märchen zu reagieren, entstammt nicht seiner psychologischen Bedeutung (obwohl diese auch dazu beiträgt), sondern seinen literarischen Qualitäten – wir erleben das Märchen als Kunstwerk. Seine psychologische Wirkung auf das Kind könnte es nicht ausüben, wenn es nicht in erster Linie ein Kunstwerk wäre."
(Bettelheim, 1980, S. 19)

3 Nach welchen Kriterien wähle ich Märchen (-projekte) für „meine“ Kinder aus?

Nicht jedes Märchen eignet sich, um in einer Kindergruppe eingesetzt zu werden. Es bedarf einer eingehenden Situationsanalyse, bezogen auf die Kindergruppe, und einer eigenen strukturellen und inhaltlichen Auseinandersetzung mit dem Märchen.

Situationsanalyse der Kindergruppe

Die einzelnen Kinder und die Kindergruppe sollten eingehend und im Austausch mit Kolleginnen/Kollegen beobachtet werden. Hierbei werden freie und geplante Beobachtungen gesammelt und ausgewertet. Das einzelne Kind, die Gruppe und die Erzieherin/der Erzieher selbst sind besonders zu analysieren. Folgende Leitfragen nach Walter Ellermann (2004, S. 84 f.) können hilfreich sein, um die Bedürfnisse, Interessen und Themen der einzelnen Kinder, der Gruppe und der Erzieherin/des Erziehers selbst herauszufinden.

Das einzelne Kind steht zuerst im Mittelpunkt der Betrachtungen:

- Alter, Geschlecht, Familiensituation.
- Seit wann ist das Kind in der Gruppe?
- Mit wem, wo und was spielt es?
- Gibt es wiederkehrende Spielthemen?
- Welche Kompetenzen hat das Kind?
- Welche Konflikte, Schwierigkeiten, Sorgen hat es?
- Welche Bedürfnisse, Interessen, Wünsche?
- Welche Lebens- und Lernerfahrungen hat das Kind gemacht?
- Welche Rollen nimmt es in der Gruppe ein?
- Worin besteht die Besonderheit dieses Kindes?

Die Gruppe an sich ist mehr als die Summe der einzelnen Kinder:

- Zusammensetzung der Gruppe: Anzahl der Kinder, Altersstruktur, Geschlechterverteilung, Kinder mit Behinderung, Migrationshintergrund ...
- Beziehungsgefüge in der Gruppe – Soziogramm (Wer spielt mit wem? Wer hat zu wem Kontakt?) – Grafische Darstellung der Gruppensituation
- Welche Rollen gibt es in der Gruppe?
- Welche Kontakte und Teilgruppen sind zu beobachten?
- Welche Konflikte gibt es?
- Gibt es besondere Interessen in der Gesamtgruppe?
- In welcher Gruppenphase befindet sich die Gruppe?

Eine Märchenbegegnung wird immer in einer Klein- oder Großgruppe ablaufen. Deshalb ist die Berücksichtigung der jeweiligen Gruppenphase für die inhaltliche wie methodische Auswahl wichtig. Hier ein kleiner Überblick über die Entwicklungsphasen von Gruppen (vgl. Bernstein und Lowy, 1975):

* **Fremdheits- oder Orientierungsphase (Forming)**
  Die Merkmale dieser Gruppenphase sind die Trennung aus dem bisherigen sicheren Umfeld, die Unsicherheit und Angst bei den neuen Gruppenmitgliedern und der große Wunsch nach Orientierung, Anerkennung und Sicherheit. Durch behutsame Kontaktangebote und einem wertschätzenden Umgang werden Sicherheiten, Vertrauen und Bindung durch die Gruppenleitung aufgebaut und Ängste abgebaut.
* **Machtkampf und Rollenklärungsphase (Storming)**
  Erste Unsicherheiten sind nun überwunden, einzelne Rollen entstehen, Spannungen und „Machtkämpfe" sind zu erleben. Es werden Untergruppen, in denen Anerkennung und Sicherheiten gesucht werden gebildet. Auch die Gruppenleitung wird ausgetestet und diese weiß um das Bedürfnis nach Anerkennung und Sicherheit. Sie beobachtet die Rollenfindung, achtet auch Außenseiter und setzt Grenzen mit gleichbleibenden Konsequenzen. Regeln für Konflikte werden besprochen und vermittelt.
* **Vertrautheits- oder Wir-Phase (Norming)**
  Die gruppeninternen Konflikte werden weniger, Regeln und Abläufe sind allen bekannt, Verabredungen werden eingehalten. Es herrscht eine große Akzeptanz unter den einzelnen Gruppenmitgliedern und die Gruppe grenzt sich von anderen ab. Die Gruppenleiter sind nun nicht mehr in dem Maße wichtig wie am Anfang, sondern sie schaffen Freiräume, lassen partizipieren und erkennen Kompetenzen, die die Einzelnen in die Gruppe einbringen können. Konflikte nimmt die Leitung wahr, lässt aber die Gruppe versuchen, diese allein zu lösen.
* **Differenzierungsphase (Performing)**
  Das Gruppengefühl ist ausgeprägt, Unterschiedlichkeit wird akzeptiert und die Gruppen- und Eigenverantwortung wird übernommen. Konflikte werden gemeinsam gelöst. Feste Gruppenrollen werden gelockert und die Gruppenmitglieder probieren sich neu aus. Es herrscht eine hohe Leistungsbereitschaft. Die Gruppenleitung hält sich im Hintergrund, ist aber präsent und fördert Kompetenzen bzw. gibt Impulse zur Selbsthilfe.

* **Trennungsphase (Ending)**
  Der Gruppe steht die Trennung bevor, was zu Trennungsängsten und Trennungsschmerz führen kann. Streitsituationen, Rückfall in schon durchlebte Phasen und Regeln, die nicht mehr eingehalten werden, prägen das Gruppengeschehen. Die Gruppenleitung gestaltet hier den Abschied bewusst, kündigt ihn rechtzeitig an, schafft Möglichkeiten zur Rückschau und lässt positiv in die Zukunft schauen.

Die Erzieherin bzw. der Erzieher ist selbst ein wichtiger Reflexionsaspekt bei der Auswahl von Märchen:

* Welchen theoretischen Hintergrund habe ich zum Thema?
* Welche Praxiserfahrungen, Lebenserfahrungen habe ich?
* Worin bestehen meine Kompetenzen? Welche Stärken habe ich?
* Welche Schwierigkeiten, Lernfehler habe ich?
* Welche Erwartungen, Vorstellungen und Anliegen habe ich an das Thema?
* Gibt es persönliche Vorlieben oder Abneigungen, die die Wahl eines Themas beeinflussen?
* Welche Vorerfahrungen und Einstellungen habe ich bezüglich des Themas?

Auswahl der Märchen nach Struktur und Umfang

Märchen unterscheiden sich vom strukturellen Aufbau und vom Umfang her entscheidend. Dabei sollten die Anforderungen, die das Märchen an seine Zuhörer stellt, berücksichtigt werden. Wie lange können die Kinder zuhören? Welchem Handlungsaufbau können die Kinder folgen?

Folgende Tabelle, angelehnt an Brigitte vom Wege und Mechthild Wessel (1999, S. 170), kann die strukturelle Auswahl vereinfachen, wobei darauf hingewiesen wird, dass das Entwicklungsalter der Kinder nicht immer dem biologischen Alter entspricht.

Altersangabe	Form und Inhalt der Märchen
ab 3/4 Jahre	**Ein-Motiv-Märchen** Aus einem Märchenmotiv entwickelt sich eine schlichte Handlung, die oft linear verläuft. Das Geschehen wird ohne Umschweife klar erzählt. Beispiele: Die Sterntaler, Der süße Brei, Der goldene Schlüssel

Altersangabe	Form und Inhalt der Märchen
ab 4/5 Jahre	**Ketten-Märchen** Einzelne Szenen werden im Sinne einer „Und-dann-Erzählung“ kettenförmig aneinandergereiht, sie stehen aber in direktem Zusammenhang mit dem Grundgeschehen. Die meisten dieser Märchen beinhalten Themen aus dem Erlebensbereich des Kindes. Beispiele: Hänsel und Gretel, Hans im Glück, Rotkäppchen. Andere Märchen erzählen Geschichten aus der Tierwelt. Beispiele: Der Wolf und die sieben Geißlein, Die Bremer Stadtmusikanten. Außerdem handeln Märchen auch von personifizierten leblosen Gegenständen. Beispiele: Strohhalm, Kohle und Bohne, Der dicke fette Pfannkuchen (aus Norwegen).
ab 5/6 Jahre	**Schachtel-Märchen** Diese Märchen verfügen über mehrere Hauptmotive, die ineinander verschachtelt sind oder zeitlich parallel nebeneinander herlaufen und sich an unterschiedlichen Schauplätzen ereignen. Zu ihnen gehören hauptsächlich die sogenannten Wundermärchen. Die meist recht komplexen Märchen erzählen von seltsamen Wundergaben oder von wunderbaren Verwandlungen, die jüngere Kinder noch nicht erfassen und nachvollziehen können. Beispiele: Goldesel, Knüppel aus dem Sack, Frau Holle, Froschkönig oder der eiserne Heinrich.
ab 6/7 Jahre	**Helden-Märchen** Diese Abenteuermärchen mit heiterem oder ernstem Charakter beinhalten eine Vielzahl von Geschehnissen und Ereignissen sowie abenteuerliche Schauplätze. Erst Kinder in der realistischen Entwicklungsphase können die vielen Vorgänge dieser umfangreichen Märchen erfassen, behalten, überschauen und in einen Zusammenhang bringen. Beispiele: Das tapfere Schneiderlein, Der Eisenhans, Das blaue Licht, Das Wasser des Lebens, Der goldene Vogel.

Inhaltliche Auswahl der Märchen

Um ein Märchen vorzubereiten, es in seiner Ganzheit zu erfassen, ist eine inhaltliche Analyse unabdingbar:

* Welche Wesensmerkmale des Volksmärchens (siehe Seite 11) sind enthalten?

* Welche Symbole weist das Märchen auf und welche Bedeutung haben sie?
* Welche Botschaft/Kernaussage bezogen auf die Entwicklung der Kinder ist im Märchen zu finden?

Gerade die menschliche bzw. kindliche Entwicklung ist oft Thema im Märchen. Anne Diergarten hat sich, gestützt auf Margret Mahler (Die psychische Geburt des Menschen), mit den inhaltlichen Entwicklungsthemen im Märchen auseinandergesetzt und folgenden inhaltlichen Dreischritt festgestellt: Symbiose – Trennung – Individuation.

* Die Symbiose ist eine Zeit der Geborgenheit, in der sich das Kind in völligem Einklang mit der Bezugsperson fühlt. Die Symbiose lässt sich auch mit dem „sicheren Bindungsverhalten" bzw. dem „Urvertrauen" gleichsetzen, denn sie ist die Basis für die weiteren Entwicklungsschritte. Beispiel: Der süße Brei, Sterntaler.
* Trennung und Loslösung aus der Geborgenheit vollziehen sich in verschiedenen Stadien:
  - Gefühl für das „Getrennt-sein" entwickeln
  - Die Trennung bewusst wahrnehmen
  - Nach der Trennung sich in der Umwelt zurechtfinden
  - Sich abgrenzen und lösen

  Beispiel: Hänsel und Gretel, Rotkäppchen.
* In der Individuation zeigt sich das Lebensziel eines jeden Menschen: Finden der eigenen Lebensform und ein sich daraus ergebendes Selbstwertgefühl entwickeln.
  Beispiele für Märchen, in denen die Findung der eigenen Persönlichkeit im Mittelpunkt steht: Dornröschen, Schneewittchen, Der goldene Vogel.

4 Worauf achte ich bei der Vermittlung von Märchen?

Überlegungen zu Zeitpunkt – Ort – Märchenritualen

Grundsätzlich ist der passende Zeitpunkt der Märchenbegegnung mitbestimmend für eine positive Wirkung. Die Kinder sollten aufnahmefähig sein, ein Zur-Ruhe-Kommen sollte möglich sein. Deshalb ist es wichtig, dass die Kinder sich vorher bewegen bzw. ihren eigenen Interessen nachgehen konnten und nun bereit sind, sich auf etwas Neues einzulassen.

Der Ort, an dem die Märchenbegegnung stattfindet, sollte eine geborgene, sichere und märchenhafte Atmosphäre aufweisen. Das bedeutet, dass es ein ruhiger Ort ohne Störfaktoren von außen sein muss, der mit Decken, Kissen, Matratzen oder Ähnlichem Gemütlichkeit ausstrahlt. Eine Mitte, in der man eventuell Anschauungsimpulse aufbaut oder Aktivitäten zum Märchen mit den Kindern durchführen kann, sollte eingeplant werden. Auch der Platz der Erzieherin/des Erziehers im Erzählgeschehen bedarf einer guten Überlegung: Wo kann ich mit jedem Kind Blickkontakt aufnehmen und halten? Wo kann ich eventuell Körperkontakt oder Nähe zu Kindern, die es bedürfen, herstellen?

Märchenrituale – gerade zu Beginn der Märchenbegegnung – bedürfen einer intensiven Auseinandersetzung, eventuell auch im Team. Rituale sind gleichbleibende, wiederkehrende Handlungen mit einem Symbolcharakter – hier insbesondere als Einstimmung und Abschluss der Märchenvermittlung gemeint. Gerade zu Beginn des Märchens vermitteln Rituale den Kindern symbolhaft: Jetzt werde ich ruhig, jetzt beginnt die Märchenwelt, jetzt höre ich zu. Damit wird es den Kindern erleichtert, sich auf die neue „Märchensituation“ einzulassen und sich fokussiert zu konzentrieren. Durch die feste Ablaufstruktur wissen die Kinder, was sich an dieses Ritual anschließt, sie fühlen sich sicher und geborgen.

Das von Ihnen ausgewählte Märcheneinstimmungsritual kann auch gut als Märchenabschluss eingesetzt werden. Folgende Beispiele sollen Ihre Fantasie anregen und Ihnen Lust machen, einen kindgemäßen Einstieg in Ihre Märchenbegegnung zu finden.

Als ein erprobtes Beispiel ist hier die **„Märcheneisenbahn“** zu nennen, die die einzelnen Kinder abholt (eventuell auch aus unterschiedlichen Räumen) und zum „Märchenzimmer“ bringt. Dabei hängt sich jedes mitfahrende Kind in einer Reihe hintereinander ein, wie bei dem Spiel „Eisenbahn“. Nach der gleichen Melodie wie „Tuff, tuff, tuff die Eisenbahn, wer will mit nach Frankfurt fahr‘n?“ wird folgender Text gesungen:

„Tuff, tuff, tuff die Eisenbahn,
wer will mit ins Märchenland fahr'n?
Alleine fahren mag ich nicht,
da nehm' ich mir die .../den ... mit!"

Wenn alle Kinder in der Reihe vor dem Märchenraum angekommen sind, steigen sie durch einen **bunten Reifen** (Holzreifen mit bunten Krepppapierbändern oder bunten Chiffontüchern) in das Märchenland, das Zimmer, in dem das Märchen vermittelt wird. Nun suchen sich alle einen gemütlichen Platz, an dem sie längere Zeit ruhig sitzen, liegen, sich anlehnen, kuscheln ... können.

Ein weiteres Märcheneinstimmungsritual wäre das Anzünden einer **„Märchenkerze"**.

Hier könnte eine große weiße Kerze angezündet werden, auf der für jedes bisher erlebte Märchen ein Symbol mit Wachsplatten gestaltet wird, so dass die Kinder die Märchen, die bisher erzählt wurden, wiedererkennen.

Eine weitere Variante wäre der Einsatz eines **Glockenspiels** (evtl. pentatonisch gestimmt), das eine kleine leise Melodie zum Märchenbeginn und zum Märchenende spielt. Auch hier ist das Märchen gut eingebettet.

Aus den Waldorfkindergärten ist uns ein weiteres Einstimmungsritual bekannt: **„Märchenfrau**, erzähl uns was, du weißt schon was, so dies und das, erzähl uns eine Geschichte!" Am Ende des Märchens werden Öltröpfchen an die Kinder verteilt, damit ist das Märchen beendet.

Bei der Auswahl des geeigneten Märchenrituals ist es wichtig, das Ritual zu wählen, das Erziehern und Kindern am besten gefällt – und das seine Wirkung der Ruhe und dadurch Konzentration auf das kommende Märchen bzw. den Abschluss des Märchens erreichen kann.

Überlegungen zu Vermittlungsmethoden von Märchen

Das Wesen des Märchens fordert als authentischste Vermittlungsmethode das Erzählen – dies ist aber auch die Methode, die am zeitintensivsten in der Vorbereitung ist. Dennoch lohnt es, sich die Vorteile des Märchenerzählens bewusst zu machen:

- Direkter (Augen-)Kontakt zu den Zuhörern,
- Reaktionen der Zuhörer auf das Erzählte sind erwünscht und werden erwartet,
- nonverbales oder verbales Eingehen auf die Reaktionen der Zuhörer ist möglich,
- ebenso eine direkte Form der Zuwendung, Nähe und Geborgenheit zu den Kindern.

Eine Erzählatmosphäre gibt es für die Kinder nur sehr selten, sodass sich eine Vorbereitung darauf wirklich lohnt. Auch als Erzieher bzw. Erzieherin erleben Sie die Anteilnahme, die Ergriffenheit, das Mitfühlen der Kinder viel direkter als beim Vorlesen.

Nach der Situationsanalyse zum einzelnen Kind, zur Gruppe und zur Erzieherin/zum Erzieher selbst, ist die Märchenanalyse durchzuführen und damit ein geeignetes Märchen für die Kinder auszuwählen. Nach der konkreten Auswahl ist es notwendig, dass sich die Erzieherin/der Erzieher das Märchen mehrmals laut vorliest. Hier vollzieht sich der Schritt vom Buchmärchen zur erzählten Literatur mit der Wiedergabe der Sprachmelodie, dem Rhythmus der Handlung und der Erarbeitung des sogenannten Grundtons, der Grundstimmung des Märchens. Welchen Charakter hat das Märchen, und wie kann ich ihn mit meiner Stimme ausdrücken? Mögliche Grundstimmungen der Märchen könnten sein: heiter, bedrohlich, gefühlvoll, demütigend-schmerzlich, traurig, bewundernd, warnend, gefährlich ...

Jeder, der ein Märchen erzählt, sollte eine einfache und natürliche Erzählweise wählen:

- langsam und laut genug, um alle Zuhörer zu erreichen,
- ein geeignetes Sprechtempo wählen,
- wichtige Stellen betont erzählen,
- sich selbst als Person zurücknehmen, damit das Märchen im Vordergrund steht.

In der weiteren Darstellung beziehen wir uns auf die Märchenerzählerin Friederike Smeets (1987, S. 173 ff.) und beschreiben, wie man einen Märchentext umsetzen und erzählen lernen kann.

„Wenn ich ein Märchen ausgewählt habe, betrachte ich zuerst den Aufbau der Geschichte, der sich durch die Handlungsfolge, das Auftreten verschiedener agierender Figuren oder den Wechsel des Handlungsortes ergibt. Danach teile ich das Märchen in Sinnabschnitte ein, die meinen Vortrag gliedern, indem ich sie sprachlich mit einem Spannungsbogen versehe und durch Pausen voneinander trenne. [...] Nach dem Lesen versuche ich, mich in die Geschichte hineinzudenken, mir die Bilder auszumalen. Ich stelle mir die Figuren (ihr Aussehen, ihre Kleidung) vor, male mir die örtlichen Gegebenheiten (das Schloss, die Hütte, den Wald) aus und lasse die vorkommenden Gegenstände (den Korb, den Topf, das Spinnrad) vor meinem inneren Auge erscheinen."
(Smeets, 1987, S. 175)

Erzieher, die sich einen Text eher visuell merken können, können diese Märchenbilder tatsächlich malen; eher akustische Lerntypen lesen sich das Märchen mehrmals laut vor und nehmen sich dabei mit einem Aufnahmegerät auf.

„Zum Schluss versuche ich mir den Text so zu eigen zu machen, dass ich ihn möglichst unabhängig vom Buch vortragen kann. Ich beginne damit, mir in jedem Sinnabschnitt einige Schlüsselworte bzw. Verse, Reime, Wendungen und die Anfangs- bzw. Abschlussformeln herauszusuchen und lerne sie auswendig."
(Smeets, 1987, S. 177)

Wenn Ihnen das freie Märchenerzählen bezüglich seiner Vorbereitung zu aufwendig erscheint oder Sie es sich nicht zutrauen – wie

wäre es mit Vorlesen? Diese – unserer Meinung nach zweitbeste – Vermittlungsmethode ist für Kinder von großem Nutzen, wenn es Ihnen gelingt, während des Märchenvorlesens (Blick-)Kontakt zu den Kindern aufzubauen. Aber genau diese Art des Vorlesens gelingt nicht ohne Vorbereitung und Übung. Auch hierbei muss

* das Märchen in seiner Grundstimmung erfasst und stimmlich ausgedrückt werden,
* müssen Textgruppen fast frei vorgelesen bzw. erzählt werden, damit die Vorleserin oder der Vorleser die Kinder anschauen kann,
* wörtliche Rede, Verse, Eingangs- oder Abschlussformeln speziell betont werden, ohne zu sehr übertrieben zu werden.
* Eine eigene emotionale Anteilnahme am vorgelesenen Märchen ist notwendig, um diese auf die Zuhörer zu übertragen.

Weitere Vermittlungsmethoden wären das Märchenbilderbuch, das Märchen als Hörspiel, Film oder Theater. Für eine Märchenersterfassung – also eine Einführung in das neue unbekannte Märchen – eignen sich Märchenmedien nicht! Die Kinder fixieren sich auf die Bilder, die Interpretationen, und können so keine eigenen Assoziationen und Märchenbilder entwickeln. Das Märchenhafte an den Märchen ginge verloren. Aber als selbst produzierte Märchencollage, Märchenhörspiel, Märchenfilm oder Märchenrollenspiel etc. trägt es zum vertieften Märchenerleben bei.

Bei „fremd" produzierten Märchenmedien – egal ob Buch, CD, DVD oder Theater – ist auf eine qualitätsvolle, den Märchencharakter beibehaltende Märchendarbietung zu achten.

5 Was versteht man unter einem sozialpädagogischen Projekt?

Darstellung des didaktischen Ansatzes

Ein Projekt ist für uns ...

* Lernen mit den Kindern und von den Kindern, da wir die Welt mit ihren Augen neu wahrnehmen können
* Begeisterung und Motivation von allen, weil alle dabei und beteiligt sind
* ein Abenteuer, weil man nicht weiß, wie es verläuft
* ein Eintauchen und Erleben der hundert Sprachen der Kinder (vgl. Reggiopädagogik).

„Ein Projekt in Bildungseinrichtungen ist eine (einmalige) offen geplante Bildungsaktivität einer lernenden Gemeinschaft von Kindern und Erwachsenen. Im Mittelpunkt steht die intensive, bereichsübergreifende Auseinandersetzung mit einem die Kinder interessierenden Thema und dessen Einbettung in größere Zusammenhänge. Gemeinsam wird das Thema vielseitig und arbeitsteilig untersucht und erforscht; dabei auftretende Frage- und Problemstellungen werden identifiziert und gemeinsam kreative Lösungswege gesucht und entwickelt, was sich über einen längeren Zeitraum erstrecken kann.“

(Reichert-Garschhammer, 2014, S. 9)

Sozialpädagogische Projektarbeit

SOZIALPÄDAGOGISCHE PROJEKTARBEIT

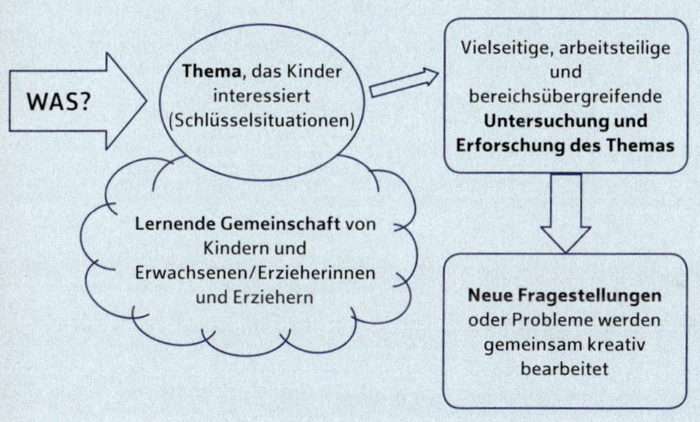

Ablauf des Projektes in Phasen:

1. Projektfindung und -klärung (Initiierung- und Einstiegsphase)
2. Projektplanung und -realisierung mit Reflexion der Lernprozesse (Vorbereitung- und Realisierungsphase)
3. Projektabschluss und -reflexion (Präsentations- und Evaluationsphase)
4. Evtl. Weiterführung

- Ko-Konstruktionsprozess → Lernen durch Zusammenarbeit und Erforschung von Bedeutung
- Partizipation und Beobachtung der Kinder in allen Ablaufphasen
- „Offene Planungen“ vorbereiten (Didaktisch-methodische Überlegungen)
- Einbezug von allen interessierten Kindern, Eltern, Gemeinwesen → inklusive Pädagogik der Vielfalt
- Bildungsprozesse im Projekt werden durch Dokumentationen sichtbar und nachvollziehbar
- Methodenvielfalt → Integration aller Bildungs- und Entwicklungsbereiche

Vgl. Reichert-Garschhammer, Freiburg, S. 9

„Inhalte von Projekten können

- Situationen sein, die sich aus dem Zusammenleben und dem Alltag im Kindergarten ergeben, die den Erzieherinnen in der Gruppe aufgefallen sind,
- Lebenssituationen der Kinder (wie Angst oder Geschwister) sowie
- gesellschaftliche Themen.
- Projektanstöße entstehen aus der Stimmung innerhalb der Gruppe,
- aus den Vorgängen und Anlässen, die Kinder bewegen,
- aus bedeutsamen Interessen oder Vorlieben der Kinder,
- aus den Themen des Jahreslaufes oder
- aus der Auseinandersetzung mit Gegenständen.

Entscheidend dabei ist es, dass die Projektthemen die Interessen der Kinder aufgreifen und weiterführen."

(Schnelle, 2011, S. 28)

In der sozialpädagogischen Projektarbeit bilden die Erzieherinnen und die Kinder eine Lerngemeinschaft, um darin Themen kooperativ und kommunikativ, d. h. in der Ko-Konstruktion zu betrachten. Der soziale Ko-Konstruktivismus baut auf der Auffassung des Konstruktivismus (Kinder sind aktive Konstrukteure ihres Wissens) auf – er betrachtet jedoch die soziale Interaktion als den Schlüssel zur Wissens- und Sinnkonstruktion.

Kinder lernen in ko-konstruktiven Lernprozessen, dass

- Bedeutungen miteinander geteilt und untereinander ausgehandelt werden,
- Ideen ausgetauscht, verwandelt und erweitert werden können,
- ihr Verständnis bereichert und vertieft wird,
- die Welt auf viele Arten erklärt werden kann,
- ein Phänomen oder Problem auf viele Weisen gelöst werden kann,
- die gemeinsame Erforschung von Bedeutung zwischen Erwachsenen und Kindern aufregend und bereichernd ist.

Unterscheidung zwischen dem Lernen von Fakten und dem Lernen von Bedeutungen:

- Den Erwerb von Fakten fördern bedeutet, dass die Kinder angeregt werden, Informationen, Daten, Beschreibungen zu sammeln. Die Kinder hören zu, wiederholen, beobachten und beschreiben, was sie gesehen haben.

- Bei der Erforschung von Bedeutung geht es darum, eigene Ideen zum Thema zu entwickeln und auszudrücken, diese Ideen mit anderen auszutauschen, zu diskutieren und zu überlegen, wie gemeinsam weiter am Thema gearbeitet wird (vgl. Fthenakis in: Betrifft Kinder, 08/09 2007, S. 10).

Nun beginnen wir mit dem Praxisteil. Freuen Sie sich auf die Märchen, ihre Gestaltung und Umsetzung und was aus den Märchenimpulsen werden kann.

Hinweis: Ausführungen zur Rolle der Erzieherin während des Projektes finden Sie im digitalen Begleitmaterial.

B Praxisbeispiele zur Planung sozialpädagogischer Märchenprojekte

Die Kapitel sind alle wie folgt aufgebaut:

* Titelbild zum Märchen
* Märchentext
* Charakteristika, d. h. eine Kurzbeschreibung zur schnelleren Orientierung mit Angaben zum Alter der Kinder, der Gruppengröße, der Dauer des Angebotes und der Hauptförderbereiche.
* Beobachtungsbeispiele und -situationen – Analyse
* Didaktische Überlegungen: Märchenanalyse, Förderung der Kinder durch den Einsatz des Märchens – Entwicklungsbereiche
* Methodische Überlegungen zur Einführung des Märchens: Organisation und Vorbereitung, Materialliste, geplanter Ablauf
* Offene Planung zu weiteren Projektimpulsen: Was, warum und wie?
* Weiterführung des Themas

1 Der goldene Schlüssel

Zur Winterszeit, als einmal ein tiefer Schnee lag, musste ein armer Junge hinausgehen und Holz auf einem Schlitten holen. Wie er es nun zusammengesucht und aufgeladen hatte, wollte er, weil er so erfroren war, noch nicht nach Haus gehen, sondern erst Feuer anmachen und sich ein bisschen wärmen. Da scharrte er den Schnee weg, und wie er so den Erdboden aufräumte, fand er einen kleinen goldenen Schlüssel. Nun glaubte er, wo der Schlüssel wäre, müsste auch das Schloss dazu sein, grub in der Erde und fand ein eisernes Kästchen. ‚Wenn der Schlüssel nur passt!', dachte er. ‚Es sind gewiss kostbare Sachen in dem Kästchen.' Er suchte, aber es war kein Schlüsselloch da, endlich entdeckte er eins, aber so klein, dass man es kaum sehen konnte. Er probierte – und der Schlüssel passte glücklich. Da drehte er ihn einmal herum ... und nun müssen wir warten, bis er vollends aufgeschlossen und den Deckel aufgemacht hat, dann werden wir erfahren, was für wunderbare Sachen in dem Kästchen lagen.

(Brüder Grimm: Kinder – und Hausmärchen KHM 200)

Charakteristika

 Alter: drei bis sechs Jahre

 Gruppengröße: bis zu 20 Kinder

 Dauer: 15 Minuten

Förderschwerpunkte: Winter/Schnee erleben – zu sich kommen – eigene Wünsche entdecken

Achtung: jahreszeitlich an den Winter gebunden

BEOBACHTUNGSBEISPIELE/BEOBACHTUNGSSITUATIONEN

* *Finn (4;2), Ruben (4;8) und Tobias (4;0) sind als die „Bauecken-jungs" bekannt. Sie warten normalerweise am Morgen aufeinander und bauen für ihre mitgebrachten Spielzeugautos Straßen, Garagen, Autobahnen oder Reparaturwerkstätten. Dabei tauschen sie sich über ihre Autos und deren Funktionen (Öffnen der Türen, der Motorhaube etc.) aus. Seit einer Einladung von Ruben an Finn zu ihm nach Hause spielen diese beiden intensiver zusammen; d. h., sie warten nicht mehr, bis Tobias da ist (der meist später in den Kindergarten kommt), sondern sind*

schon mitten im Bauen. Aktuelle Beobachtung: Ruben und Finn bauen an den Garagen für ihre Autos, als Tobias die Erzieherin begrüßt und sich sofort auf den Weg in die Bauecke macht. Dort bleibt er vor dem Spielteppich stehen, blickt auf die beiden am Boden spielenden Jungen. Tobias schiebt seinen linken Zeigefinger in den Mund, immer tiefer, bis dieser ganz im Mund verschwindet. Nach vier Minuten geht Tobias außen am Spielteppich entlang und holt sein Auto aus der Hosentasche – ein rotes Porsche-Cabrio. Er setzt sich hin und öffnet die Motorhaube seines Autos, schaut zu Finn, steht auf und holt sich Bausteine aus einer Kiste. Finn, der auch Bausteine aus der Kiste holt, sagt zu Tobias: „Nimm nicht die großen! Die brauchen wir." Tobias nickt, nimmt sich kleine Bausteine und baut eine Garage für sein Auto. Dabei holt er immer wieder Bausteine aus der Kiste. Beim Bausteine Holen schaut er immer zu Ruben und Finn, die von ihren Garagen aus Straßen zueinander bauen. Tobias hockt neben seiner Garage und lässt sein Auto hinein und wieder herausfahren. Dann nimmt er einen Baustein etwa eine Minute lang in den Mund, dann legt er ihn wieder zu dem Garagenbau. Er holt sich Bausteine, ohne zu den anderen Jungen zu schauen, und baut weiter die Garage zu einem größeren Gebäude. Daran baut er ca. 10 Minuten. Dann beginnt die Musikschule, an der Tobias teilnimmt. Sein Gebautes lässt er stehen, als er mit der Musikschulgruppe in den Bewegungsraum geht.

- *Emily (6;0) steht nach der Begrüßung bei der Erzieherin, die am Frühstückstisch sitzt. „Mir ist sooo langweilig!", sagt sie. Der Erzieherin fällt auf, dass dies schon das dritte Mal ist, dass Emily diesen Satz zu ihr sagt. Sie schaut Emily an und wiederholt: „Dir ist sooo langweilig! Dir fällt nichts zum Tun ein." „Ja", sagt Emily, „ich kenne schon alle Spiele und bin ja auch schon sechs Jahre alt." Die Erzieherin überlegt: „Du hast Langeweile! Ist das gut oder schlecht?" Emily: „Es ist doof!" Erzieherin: „Also nicht so gut. Was könntest du denn tun, das dir gefällt?" Emily bleibt eine Weile stehen, sagt dann „Frühstücken!" Erzieherin: „Prima, dann setz dich zu uns." Emily holt ihre Tasche, packt ihr Frühstück aus und bleibt, nachdem die Erzieherin vom Tisch aufgestanden ist, noch 45 Minuten am Frühstückstisch. Dabei erzählt sie mit den wechselnden Kindern, unterstützt diese beim Schälen von Mandarinen oder dem Öffnen von Joghurtbechern und isst selbst ihr Frühstück auf.*

- *Der Sandspielbereich im Kindergarten ist sehr beliebt. Es spielen pro Draußenspielzeit bis zu zehn Kinder aller Altersgruppen und Geschlecht im Sand. Folgende Aktionen sind zu beobachten: Löcher unterschiedlicher Größe graben, Steine und Äste aus dem Sand sieben, den Sand mit der Hand glattstreichen und Spuren in den Sand drücken oder mit Murmeln eine Murmelbahn bauen. Jetzt im Winter spielen die Kinder trotz Kälte und Nässe weiterhin gerne im Sand. Das Spielgeschehen hat sich vermehrt auf das Löchergraben verlagert; eine Gruppe von fünf Kindern spricht immer wieder davon, dass sie nach einem Schatz graben müssen.*
- *In der Freispielzeit fängt es draußen an zu schneien. „Es schneit, es schneit!“ Die Kinder laufen zum Fenster und schauen hinaus. Weiße Schneeflocken fliegen langsam auf die Erde herunter und verschwinden auf dem Rasen. Nur wenige bleiben liegen. „Dürfen wir rausgehen?“, fragt Boris (5;2) und Suse (4;8) wiederholt: „Rausgehen!“ Die Erzieherinnen besprechen sich kurz und ändern ihre Pläne für den Tagesablauf. Alle Kinder (18) ziehen sich an und gehen mit den Erzieherinnen in das Außengelände. Es schneit immer heftiger und der Schnee bleibt vermehrt liegen. Einzelne Kinder öffnen den Mund und wollen Schneeflocken mit dem Mund fangen und „essen“. Andere Kinder machen Spuren in den Schnee und vergleichen ihre Fußabdrücke. Wieder andere machen Schneebälle und werfen diese. Eine Erzieherin nimmt den Schneefall und die „Schneespiele“ der Kinder mit ihrem Handy auf.*

Analyse der Beobachtungen

Die Beobachtung von Tobias, der als dritter Mitspieler von einer Zweiergruppe etwas ausgeschlossen wird, lässt sich mit folgenden Adjektiven interpretieren: Er ist still, zurückgezogen, unauffällig. Ein unauffälliges Kind in einer großen Kindergartengruppe ist nur dann umfassend wahrzunehmen, wenn die Erzieherin bewusst genau dieses Kind beobachtet und sich in das Kind hineinfühlt: „Wie geht es Tobias? Wie fühlt er sich?“ Und vielleicht „warum“? Nach dem Beobachten steht nicht sofort das Handeln im Vordergrund, sondern die Analyse der Beobachtung, der Abgleich mit anderen Kolleginnen und Kollegen, was diese bei Tobias wahrgenommen haben. Es gilt sich klarzumachen, dass die Entwicklung der Gesamtpersönlichkeit von Tobias – wie auch von allen anderen Kindern – in Phasen als ein beständiger Prozess verläuft. Er muss die Balance finden zwischen der Herausforderung („Ich bin vom Spiel ausgeschlossen“) und der Bewältigung („Wie gehe ich damit um?“). Kinder müssen lernen, mit

neuen Situationen umzugehen und brauchen Zeit, um den für sie adäquaten Weg zu finden. Ein bewusst eingesetztes Märchen wie „Der goldene Schlüssel“ kann hierfür seelische Hilfestellung geben, innerlich stärken und Mut machen, etwas Neues auszuprobieren.

Emily ist es langweilig. Sie ist ein Vorschulkind und schon einige Zeit im Kindergarten. Emily weiß nichts mit sich anzufangen. Es geht ihr nicht gut – Gefühle von Lustlosigkeit oder allgemeinem Unwohlsein beschäftigen sie. Diese Gefühle sollen weggehen, am besten ganz schnell. Im Dialog mit der Erzieherin erkennt Emily, was gerade ihr Bedürfnis ist. Sie selbst findet eine für sie angenehmere Situation – sie selbst ist aktiv und selbstwirksam. Erst im Innehalten, in der Auseinandersetzung mit dem eigenen Unwohlsein und dessen Aushalten findet Emily Zugang zu ihren eigenen Bedürfnissen. Hier kann das Märchen „Der goldene Schlüssel“ Raum und Zeit geben, nach den eigenen Wünschen und Bedürfnissen zu schauen.

Eine Schatzsuche ist immer ein Abenteuer – es ist spannend und durch das gemeinsame Suchen geprägt von dem Erleben in der Gruppe. Eine Schatzsuche spornt an, motiviert und lässt auf eine Belohnung hoffen. Manchmal ist der Prozess des Suchens Belohnung genug, denn die Suche nach dem Schatz wird oft wiederholt, variiert und findet immer neue Möglichkeiten.

Dem Fallen des Schnees zuzuschauen, diese Naturbesonderheit zu erleben – das ist zum Staunen, ja es ist magisch. Doch hinter der Magie stecken physikalische Naturphänomene. Das Staunen soll die Kinder zum Nachdenken über ihre eigenen Vorstellungen, woher der Schnee kommt, anregen. Wenn die Erzieherin an das Interesse der Kinder anknüpft und entsprechende Experimente durchführt, werden Hypothesen gebildet, Erfahrungen und Erkenntnisse miteinander verglichen und es wird über die Aggregatzustände von Wasser Sachwissen angesammelt.

Didaktische Überlegungen

Märchenanalyse

Das Volksmärchen „Der goldene Schlüssel“ ist ein kurzes winterliches Ein-Motiv-Märchen bzw. ein sogenanntes Neckmärchen, denn das Ende bleibt offen. Der Zuhörer erfährt nicht, was für kostbare Dinge in dem Kästchen zu finden sind; er bleibt im Ungewissen.

Genau diesen offenen Schluss gilt es methodisch aufzugreifen und als individuelle Auseinandersetzung mit dem Motiv des Märchens einzuplanen.

Symbolhaft wirken folgende Bilder im Volksmärchen aus der Sammlung der Brüder Grimm:

* Der Winter mit dem **tiefen Schnee** (kristallisiertes Wasser) steht für die **Reinheit** (weißer Schnee) der emotional-seelischen Anteile der Hauptfigur. Aber auch die **Kargheit** der Natur im Winter umgibt sie, was das Zu-sich-Finden ermöglicht.
* Der **arme Junge** symbolisiert die Identifikationsfigur, die eine gestellte **Aufgabe** zu erfüllen hat. Er soll alleine Holz auf seinem Schlitten holen. Der Junge stellt sich seinen Lebens- und Entwicklungsaufgaben, nimmt aktiv am Leben teil.
* Als er die Aufgabe erfüllt hat, spürt der Junge die **Kälte** an und in seinem **Körper** und in seinem Gemüt, seiner **Seele.** Diesen erstarrten Zustand will er **aktiv verändern**, denn er will ein Feuer anmachen.
* Nun scharrt er den Schnee beiseite und räumt den Erdboden auf – schafft also **eine äußere Ordnung** in seiner Situation. Oftmals bedarf es einer äußeren Ordnung, um auch das Innere neu zu betrachten und zu strukturieren (vgl. Maria Montessori: „Äußere Ordnung schafft innere Ordnung“).
* Nun findet der Junge auf dem Boden einen **goldenen Schlüssel.** Der Schlüssel ist ein Symbol für den **Zugang, die Öffnung** von etwas – hier in diesem Märchen der Zugang zu den Gefühlen, den Bedürfnissen, den Wünschen der Hauptfigur. Die Farbe „golden“ zeigt, wie kostbar dieser Zugang ist.
* Der **Junge glaubt** nun, dass wo ein Schlüssel zu finden ist, auch ein Schloss dazu sein müsse. Er sucht also diesen Zugang, findet nicht sofort das Schlüsselloch. Aber er **hat Zuversicht und Vertrauen in sich.** Der Junge sucht beharrlich weiter, er glaubt so sehr daran, dass er etwas findet – dass es dann tatsächlich auftaucht: das kleine Schlüsselloch.
* Der Junge probiert – und wird belohnt! Der Schlüssel passt gerade in das Schlüsselloch hinein und lässt sich ganz leicht herumdrehen. Und *„nun müssen wir warten, bis er ganz aufgeschlossen hat, dann werden wir sehen, was darin liegt.“* Der Zuhörer wird im Märchen direkt angesprochen und aufgefordert zu warten, zu hoffen und zu glauben – und zwar, dass er sehen wird, was in dem Kästchen zu finden ist. Er wird sehen, was für Bilder, Vorstellungen und andere Sinneseindrücke in ihm auftauchen werden. Der **Zuhörer** rückt nun an die Stelle der Hauptfigur – **wird selbst zur Hauptfigur, wird Teil dieses Märchens**.

* Dadurch, dass wir Teil des Märchens sind, sind unsere Vorstellungen von dem, was da im Kästchen Kostbares zu finden ist, real. Es sind **unsere realen, kostbaren Vorstellungen**, Wünsche, Bedürfnisse und Interessen. Sie werden wachgerufen; ihnen gilt es nachzuspüren und sie deutlich zu erkennen. Dann kann ich **meinen inneren Schatz erkennen**, kann erkennen, was mich glücklich macht, was meine nächsten Schritte sind. Hier erkennt der Zuhörer also seine inneren Schätze, seine nächsten Entwicklungsschritte.
* Die Öffnung (das Schlüsselloch) symbolisiert auch das weibliche Prinzip, so wie der Schlüssel das männliche darstellt. Eine Vereinigung, eine Symbiose von weiblichen und männlichen Anteilen des Menschen, ist das **größte Streben nach menschlicher Vervollkommnung.**
* Auch wenn das Ende des Märchens offen gestaltet ist, ist es doch ein **gutes Ende**, denn die Lösung des inneren Konfliktes des Jungen (seine Erstarrung in der Kälte) wird aufgelöst. Die Erstarrung und Kargheit zu Beginn des Märchens steht dem kostbaren Inneren des Kästchens gegenüber. Hiermit finden wir das Prinzip der Polarisation, das Kindern die Erfassung der Inhalte des Märchens erleichtert.

Überhaupt ist es erstaunlich, wie viel in diesem doch so kurzen Märchen steckt. „Der goldene Schlüssel" ist ein wahres Schlüsselmärchen – ein Schlüsselmoment.

Förderung der Kinder durch den Einsatz des Märchens – Entwicklungsbereiche

Die Kinder werden in der Erzählsituation zu Beginn des Märchens ruhig – sie spüren sich selbst, kommen bei sich an. Sie folgen **kognitiv-kreativ** der Märchenerzählung: Sie stellen sich die Märchenumgebung, die Hauptfigur vor, folgen der Handlung bis zum entscheidenden Höhepunkt. Sie identifizieren sich mit der Hauptfigur: Sie spüren die Mühe des armen Jungen im winterlichen Märchen; erleben die Freude, die Spannung selbst mit, wenn er den Schlüssel dreht – dann wird die Freude und Spannung ihre eigene Spannung, ihre eigene Freude.

Johannes Wilkes spricht vom „Lernen am Modell (vgl. Bandura, 1976)": „Bei den Modellen kann es sich um konkrete Menschen handeln, deren Wirkung und Handeln als attraktiv empfunden werden und denen man nacheifern möchte, es kann sich jedoch ebenso um **imaginierte Personen** handeln, um ProtagonistInnen aus Büchern oder eben aus Märchen. Wann interessieren wir uns für eine literarische Figur? Immer dann, wenn sie uns nahe ist, wenn wir in der Lebenssituation des oder der Handelnden **Parallelen zur eigenen Lebenssituation** erkennen, wenn die Aufgaben und Probleme, vor die er/sie sich gestellt sieht, auch unsere Aufgaben und Probleme sein könnten, wenn die Bedürfnisse des Helden oder der Heldin auch die unseren sind. [...] Die Erzählungen liefern bewusst nur eine grobe Schablone, die die HörerInnen dann in ihrer **Fantasie frei ausmalen** können. Die Identifikation mit den MärchenheldInnen wird dadurch erleichtert und das Kind mit den Märchen nicht überfordert. Nicht nur die Personen, auch die Umgebung wird in vielen Märchen oft nur grob skizziert. Dies ermöglicht Kindern, entsprechend ihrem Alter und Entwicklungsstand eigene innere Bilder zu den Märchen zu entwickeln, sehr individuell und den eigenen Bedürfnissen angepasst."

(Wilkes, 2016, S. 50 ff.)

In der Märchenbegegnung wird methodisch auf die Vorstellungen und inneren Bilder der Kinder eingegangen, indem diese die Möglichkeit zum Malen, zum individuellen Ausdruck der inneren Bilder bekommen. Den Kindern wird ermöglicht, dass sie ihre ureigenen Vorstellungen ausdrücken und zwar durch Farbstifte, die durch die Besonderheit des „Goldenen" und „Glitzernden" Aufforderungscharakter besitzen. Gerade die Umsetzung und der Ausdruck der eigenen Vorstellungswelt gelingt nicht leicht. Dazu benötigen die Kinder ihre feinmotorischen Fähigkeiten, die durch dieses Angebot gefördert werden. Für die Erzieherin ist es bei der zeichnerischen Gestaltung der Kinder notwendig zu beachten, dass die Kinder je nach Entwicklungsstand bestimmte Phasen der Zeichenentwicklung durchlaufen: Die Bewegungs-, Spiel- und Kritzelphase (0 bis 3 Jahre); die Assoziations-, Bild- und Deutungsphase (3 bis 5 Jahre) und die Phase des kindlichen Realismus/Vorstellungs- und Bilderlebens (5 bis 7 Jahre) (vgl. Krempien, S. 20 ff.).

Im Märchenerleben zeigen die Kinder die sozialen **Gefühle**, die sie mit der Identifikationsfigur erleben: Sie zeigen **Empathie**, erleben die Schwierigkeiten, die Freude, die Spannung und das Glück mit. Das besonders kurze Märchen vom goldenen Schlüssel ist sehr eingängig und leicht zu merken. Dadurch werden die **Gedächtnisleistung und das kindliche Sprachgefühl** angesprochen und gefördert.

Methodische Überlegungen zur Einführung des Märchens

Organisation und Vorbereitung

Die Erzieherin lernt das kurze Märchen auswendig, schreibt sich eventuell einen „Spickzettel".

Für die Märchenbegegnung werden kleinere Äste in der Anzahl der teilnehmenden Kinder benötigt, d. h., die Erzieher sollten vor dem Märchenerzählen mit den Kindern in den Wald gehen, wo jedes Kind mindestens einen Stock oder Ast mitnehmen sollte. Im Kindergarten müssen die Äste trocknen. Zudem müssen Schneekristalle aus weißem Seidenpapier in der Anzahl der teilnehmenden Kinder geschnitten werden. Hier können die Kinder in einem offenen Kreativangebot beteiligt werden.

Material: weißes Seidenpapier in Kreisform (unterschiedliche Größen); Schere

Ablauf: Die Kreise werden zweimal gefaltet: zum Halbkreis, anschließend Viertelkreis. Aus den gefalteten Seiten und der Rundung des Viertelkreises werden Zacken herausgeschnitten.

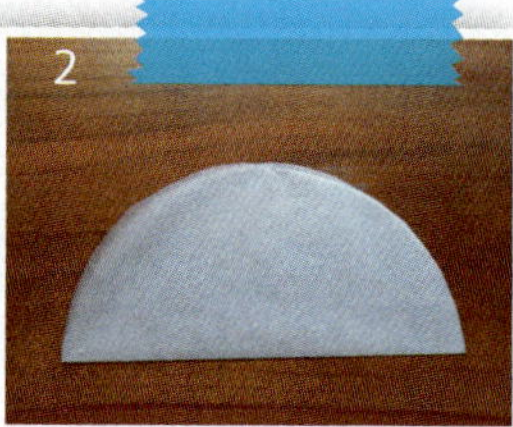

Materialliste

* Stöcke und Äste in der Anzahl der teilnehmenden Kinder
* Schneekristalle aus Seidenpapier, mind. in der Anzahl der teilnehmenden Kinder
* weiße Tücher in unterschiedlichen Größen
* hölzerner Kinderschlitten oder ein Bild von einem Schlitten (DIN A2)
* kleiner Messingschlüssel
* „Schatzkästchen" – am besten aus Metall, gefüllt mit etwas „Goldenem", z. B. Goldkugeln, Goldpapierbälle etc.
* Erzählecke mit Kissen oder Sitzunterlagen
* Tische mit Stühlen in der Anzahl der teilnehmenden Kinder
* Malunterlagen
* Glitzerstifte, Holzstifte
* vorbereitetes, einmal quer gefaltetes weißes DIN-A4-Papier mit einem Kästchendeckel außen:

Schatzkiste aus Papier, geschlossen

Schatzkiste offen

Geplanter Ablauf

Märchentext	Ablaufplanung
Märchenritual	Die Kinder werden gebeten, in der „Erzählecke" so Platz zu nehmen, dass jedes Kind zur gestalteten Mitte gut sehen kann. Jeder soll so sitzen können, dass er sich wohl fühlt. Die Erzieherin spielt zur Einstimmung auf dem pentatonisch gestimmten Glockenspiel eine kleine Melodie, die Ruhe und Konzentration ausstrahlen soll.
Zur Winterszeit, als einmal ein tiefer Schnee lag,	Die Kinder lassen der Reihe nach die gefertigten Schneekristalle aus Seidenpapier aus dem Körbchen auf die weißen Tücher fallen.
musste ein armer Junge hinausgehen und Holz auf einem Schlitten holen. Wie er es nun zusammengesucht und aufgeladen hatte,	Die Kinder sammeln der Reihe nach die ausgelegten Äste auf dem Schlitten. Jedes Kind wird aktiv.
wollte er, weil er so erfroren war, noch nicht nach Haus gehen, *sondern erst Feuer anmachen und sich ein bisschen wärmen.*	Erzieherin macht eine Geste des „Frierens", z. B. reibt sie ihre Oberarme mit den Händen Erzieherin reibt ihre Hände aneinander und wärmt sie über einem imaginären Feuer.
Da scharrte er den Schnee weg, und wie er so den Erdboden aufräumte, fand er einen kleinen goldenen Schlüssel.	Die Erzieherin scharrt die weißen Tücher der gestalteten Landschaft weg, findet dort den kleinen Messingschlüssel und zeigt ihn den Kindern.

Märchentext	Ablaufplanung
Nun glaubte er, wo der Schlüssel wäre, müsste auch das Schloss dazu sein, grub in der Erde und fand ein eisernes Kästchen.	Erzieherin „gräbt“ weiter und findet das Schatzkästchen; sie zeigt es den Kindern.
‚Wenn der Schlüssel nur passt!‘, dachte er. ‚Es sind gewiss kostbare Sachen in dem Kästchen.‘	Besonders betont und spannungsvoll erzählen.
Er suchte, aber es war kein Schlüsselloch da, endlich entdeckte er eins, aber so klein, dass man es kaum sehen konnte. Er probierte und der Schlüssel passte glücklich.	Die Erzieherin sucht und steckt den Schlüssel in das Schloss (auch gespielt).
Da drehte er ihn einmal herum … und nun müssen wir warten, bis er vollends aufgeschlossen und den Deckel aufgemacht hat, dann werden wir erfahren, was für wunderbare Sachen in dem Kästchen lagen.	Während des Märchenerzählens wieder zurück auf den Sitzplatz gehen. Pause machen. Frage an die Kinder: „Was werden das wohl für wunderbare Sachen in dem Kästchen sein?“
	Die Kinder antworten. Die Erzieherin bittet nun die Kinder an die vorbereiteten Maltische, um zu malen, was für wunderbare kostbare Sachen in dem Kästchen zu finden ist.

Märchentext	Ablaufplanung
	Die Kinder malen nun in ihr Schatzkästchen, was für sie in der Kiste zu finden ist. Wenn sie fertig sind, nehmen sie ihr Bild mit in die Erzählecke und warten auf die anderen Kinder. Wenn schon die Hälfte der Kinder fertig ist, bittet die Erzieherin die noch malenden Kinder, ihr Malen zu beenden. Sie können später im Freispiel weitermalen.
	Die Erzieherin fragt: Wer stellt seine kostbaren Sachen im Schatzkästchen vor? Wer möchte, zeigt sein Bild, indem er „den Deckel aufklappt“ und die Kostbarkeiten zeigt und erklärt. Nicht jedes Kind muss sein Bild vorstellen. Es soll sich ein Gespräch über die unterschiedlichen Vorstellungen und Wünsche der Kinder anschließen. Jede Vorstellung muss als solche wertgeschätzt und anerkannt werden!
	Gemeinsam überlegt die Erzieherin mit den Kindern, wo die gefüllten Schatzkisten aufgehängt werden.
	Zum Abschluss spielt die Erzieherin eine pentatonische Abschlussmelodie auf dem Glockenspiel.
	Wenn unbedingt in das Schatzkästchen der Erzieherin geschaut werden muss, dann kann man das nach der Märchenstunde tun.

Offene Planungen zu weiteren Projektimpulsen

1.1 Experimente mit Schnee

WAS?

Die Kinder experimentieren – entsprechend ihrem Entwicklungsstand – in Kleingruppen mit Schnee.

Die jüngeren Kinder (2 bis 3 Jahre) erleben Schnee im Außenbereich: Sie laufen durch den Schnee, fassen ihn an, formen Schnee. Dabei begleitet die Erzieherin die Kinder und ihre Erfahrungen sprachlich.

Kinder ab 4 Jahren führen Experimentierimpulse der Erzieherin durch: Sie füllen lockeren Schnee in einen Messbecher, lassen ihn schmelzen. Sie füllen den Messbecker mit Schnee ganz gedrückt voll und lassen ihn schmelzen. Sie betrachten den Schnee mit einer Lupe und einem einfachen Mikroskop (Mini-Zoom-Mikroskop, 20- bis 40-fache Vergrößerung) und entdecken die Schneekristalle.

Kinder mit Experimentiererfahrung ab 5 Jahren führen eigene Experimente mit Schnee durch. Dabei nutzen sie bisherige Erfahrungen und bisher eingeführtes Material. Jedes Kind überlegt sich einen Versuchsaufbau, formuliert eine Hypothese, beobachtet den Verlauf und hält das Ergebnis fest. Die Erzieherin begleitet diesen Prozess.

WARUM?

Naturphänomene umgeben das Kind in seinem Alltag. Dabei gilt der naturwissenschaftlichen Annäherung an bestimmte Themen eine besondere Aufmerksamkeit. Kinder zeigen von sich aus Neugier und stellen Fragen bezüglich ihrer Umwelt. Wenn diese Themen aufgegriffen werden, wird der natürliche ganzheitliche Wissensdrang der Kinder angeregt, unterstützt und gefördert. Experimente sollten als „entdeckendes Lernen" verstanden werden:

- Die Kinder beobachten und erkunden das Material oder die Situation genau,
- sie äußern Vermutungen (Hypothesen), warum sich etwas wie verhält,
- die Vermutungen werden überprüft (Nachweis), das Experiment wird durchgeführt,
- die Ergebnisse werden dokumentiert (aufgemalt oder durch die Erzieherin aufgeschrieben),

* die Erfahrungen werden mit den anderen Kindern ausgetauscht und reflektiert und
* je nach Experimentaufbau präsentieren die Kinder ihren Versuch.

Kausalzusammenhänge, Grundlagen der Chemie z. B. Aggregatzustände von Wasser, Problemlösekompetenzen (Nachdenken über verschiedene Möglichkeiten), sprachliche Begriffserweiterung und Sprachanregung sowie soziale Kompetenzen (Regeln einhalten, Rücksichtnahme etc.) werden durch das Experimentieren gefördert.

Laut Gisela Lück müssen Experimente mit Kindern folgende Kriterien erfüllen:

* „Der Umgang mit den erforderlichen Materialien muss völlig ungefährlich sein.
* Die Experimente sollten immer gelingen, um sich mit dem Phänomen vertraut zu machen.
* Sämtliche Versuche sollten einen Alltagsbezug zum Leben der Kinder haben.
* Die erforderlichen Materialien müssen preiswert zu erwerben sein und sogar ohnehin in jeder Kindertagesstätte vorhanden sein, so z. B. Wasser, Salz, Zucker, Essig, Teelicht.
* Die wissenschaftlichen Hintergründe zu den Versuchen sollen für die Kinder im Kindergarten- und Vorschulalter verständlich vermittelbar sein, um den Eindruck von „Zauberei“ zu vermeiden.
* Alle Versuche müssen auch von den Kindern selbst durchgeführt werden können.
* Die Experimente müssen aus Gründen der Konzentrationsfähigkeit innerhalb von ca. 20 bis 25 Minuten abgeschlossen sein.“

(Lück, 2003, S. 13 f.)

Bei den Erklärungen von Naturphänomenen werden Experimente oft „mit menschlichen Eigenschaften belebt“ – der sogenannte Animismus wird als Erklärung für Kinder im Vorschulalter gewählt. Hier ist darauf zu achten, dass ein Mittelweg zwischen animistischer und naturwissenschaftlicher Deutung gefunden wird.

WIE?

Die jüngeren Kinder (2 bis 3 Jahre) erleben ganzheitlich den Schnee im Außenbereich:

* Sie fühlen die Kälte und Nässe des Schnees an ihrem Körper (Körperteile benennen),
* sie sehen die Farbe des Schnees,
* sie erleben, dass Schnee verformbar ist,

* sie spüren die Ruhe des Schnees,
* sie erleben, dass das Laufen durch den Schnee rutschiger, mit Widerstand also schwerer und anstrengender ist.

Die Erzieherin gibt Erfahrungsimpulse für die Kinder draußen im Schnee, wenn die Kinder wenig aktiv sind. Die Erfahrungen der Kinder werden durch die Erzieherin versprachlicht.

Kinder ab 4 Jahren führen Experimentierimpulse der Erzieherin durch:

* Sie füllen den Schnee locker in einen Messbecher, tragen ihn in das Experimentierzimmer und geben ihre Einschätzung zu folgenden Fragen ab: Was passiert mit dem Schnee? Und warum? Die Kinder fassen mit der Erzieherin die Ergebnisse zusammen, machen eventuell Fotos oder malen das Experiment auf.
* Die Kinder füllen einen anderen Messbecher mit Schnee ganz gedrückt voll, tragen ihn in das Experimentierzimmer und geben ihre Einschätzung zu folgenden Fragen ab: Was passiert mit dem Schnee? Warum?
* Was ist anders als beim ersten Experiment?
* Wie viel Wasser wird in diesem Messbecher aus dem Schnee tauen? Mehr oder weniger als in Experiment 1?
  Die Kinder fassen mit der Erzieherin die Ergebnisse zusammen, machen eventuell Fotos oder malen das Experiment auf.
* Die Kinder betrachten den Schnee durch die Lupe und ein einfaches Mikroskop (Mini-Zoom-Mikroskop, 20- bis 40-fache Vergrößerung) und entdecken die Schneekristalle.

Kinder ab 5 Jahren mit Experimentiererfahrung können sich selbst oder zu zweit ein Experiment ausdenken. Eventuell schränkt die Erzieherin die Möglichkeiten durch eine Materialauswahl auf einem Tablett ein: Holzstäbchen, Münze, Eiswürfel, Stein, Teelicht, Töpfchen, Salz und eine große Schüssel mit Schnee.

Jedes Kind überlegt seinen Versuch und teilt ihn der Erzieherin mit. Die Kinder bauen selbstständig ihren Versuchsaufbau auf und äußern ihre Vermutung, was passieren wird. Dann führen sie den Versuch durch und beobachten das Geschehen, fassen es in Worte. Der Versuch wird anschließend ausgewertet und den anderen Kindern präsentiert. Die Erzieherin unterstützt und dokumentiert die Versuchsreihe.

1.2 Kreatives Gestalten: Zuckerkreide, Kratzbilder

WAS?

Im Atelier oder am Kreativtisch werden die beiden Techniken Zuckerkreide- und Kratzbilder zum freien Gestalten angeboten. **Zuckerkreide** wird mit weißer Tafelkreide hergestellt und eignet sich für das freie Malen von „Schneebildern“ auf grauem Karton oder dunklem Tonpapier. **Kratzbilder zum Verschenken** werden mit Wachsmalkreiden, Tesafilm und weißer Acrylfarbe hergestellt, wobei es auch vorbereitete schwarze Kratzbilder in Notizzettelgröße zu kaufen gibt. Die Wahl des Kratzbildmotives bleibt den Kindern frei überlassen – Assoziationen und Impulse zum Inhalt des Schatzkästchens im Märchen „Der goldene Schlüssel“ sollten angeboten werden.

WARUM?

Die ausgewählten Maltechniken können dem freien Malen und der **emotionalen Entwicklung** der Kinder neue Impulse geben. Es werden Erfahrungen, Erlebnisse, Eindrücke, Wünsche und emotionale Zustände im Bild ausgedrückt: „Schau auf mein Bild, so wie ich es gerade gemalt habe, so geht es mir. Das will ich dir mitteilen.“ Die Funktion des Malens hat damit einen inneren Ausdruck für das Kind selbst und einen erzählenden Ausdruck vom Kind für andere. Durch den bildnerischen Ausdruck werden innere Spannungen abgebaut und das Erlebte wird verarbeitet. Im inneren Ausdruck findet sich auch die Symbolkraft der Kinderzeichnungen (siehe auch: „Was Kinderzeichnungen erzählen – Kinder in ihrer Bildsprache verstehen“ von Armin Krenz). Das Bild ist also eine Aussage über das Kind selbst und hat Mitteilungscharakter. Dadurch, dass sie sich von anderen in ihrer Bildgestaltung verstanden fühlen, empfinden Kinder Stolz und Zufriedenheit: „Ich kann mich mitteilen, ich kann etwas darstellen und werde gesehen.“

Kinder erzählen oft miteinander beim Malen, unterhalten sich, tauschen sich aus. Somit hat das freie Malen auch **soziale Wirkung**. Besondere Stifte werden abwechselnd eingesetzt, geteilt, Gemaltes wird gezeigt und damit zur Diskussion gestellt. Insbesondere die Toleranz anderer malerischer Ausdrucksweisen und die Fähigkeit zu Selbstkritik werden beim freien Malen gefördert.

Auch im **kognitiven Entwicklungsbereich** wird das Kind gefördert: Das räumliche Vorstellungsvermögen wird bei der Bildgestaltung besonders angesprochen: Dimensionen und Proportionen werden im Laufe der Zeichenentwicklung erfasst und bewusst eingesetzt. Die

Konzentrations- und Abstraktionsfähigkeit und das Vorstellungsvermögen/die Fantasie werden weiter geübt.

Nicht zuletzt wird die **Feinmotorik** der Kinder unmittelbar trainiert: Die Bewegungen aus der Schulter oder dem Arm und die Handgeschicklichkeit werden sicherer, die Druckstärke auf den Stift wird bewusst dosiert und die Auge-Hand-Koordination wird geübt.

WIE?

Zuckerkreide

Material für die Herstellung: weiße Tafelkreide, eine Tasse Wasser, zwei Teelöffel Zucker (mind. eine Stunde Einweichzeit)

Eine Tasse Wasser …

… mit zwei Teelöffeln Zucker verrühren.

Tafelkreide im Schälchen mit Zuckerwasser bedecken; rund eine Stunde stehenlassen.

Material für das Malen mit weißer Zuckerkreide – „Schneebilder“:

eingeweichte Zuckerkreide, grauer Karton und blaues Tonpapier in unterschiedlichen Größen

Kratzbilder zum Verschenken

Material:

Wachsmalstifte oder sehr weiche Gelmalstifte, Glitzermalstifte, Tesafilm oder breites durchsichtiges Paketklebeband, transparentes Spülmittel, weiße Acrylfarbe, Pinsel, Teelöffel oder Eisstiel zum Abkratzen der Acrylfarbe, Plakat mit den Technikschritten

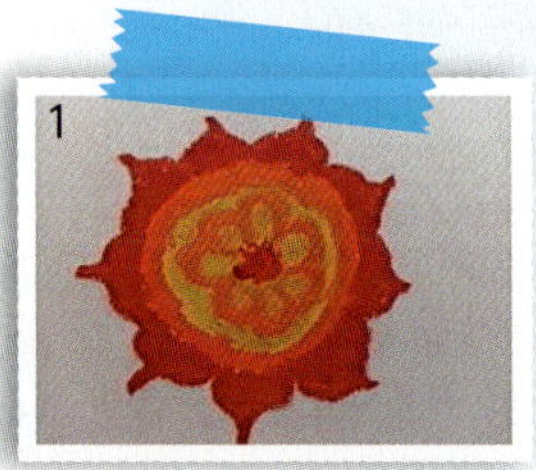

Malen, was im geöffneten Schatzkästchen zu finden ist

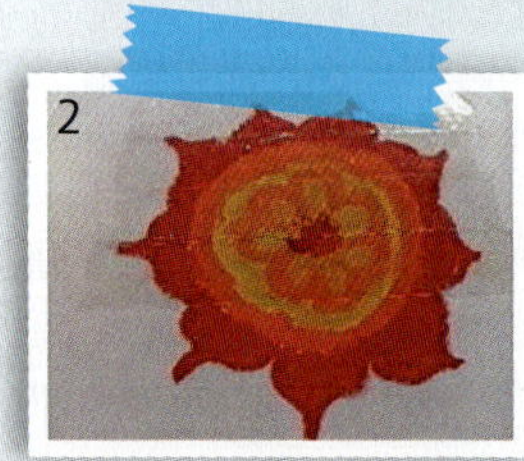

„Schatzbild“ mit Tesafilm oder Paketband abkleben

Weiße Acrylfarbe in ein Glas füllen

Einen Teelöffel transparentes Spülmittel mit der Acrylfarbe verrühren

„Schatzbild" ganz mit der Acrylfarbe überdecken – dann verschenken!

Mit Teelöffelstiel oder Eisstiel die weiße Farbe abkratzen, ins Märchenkästchen schauen

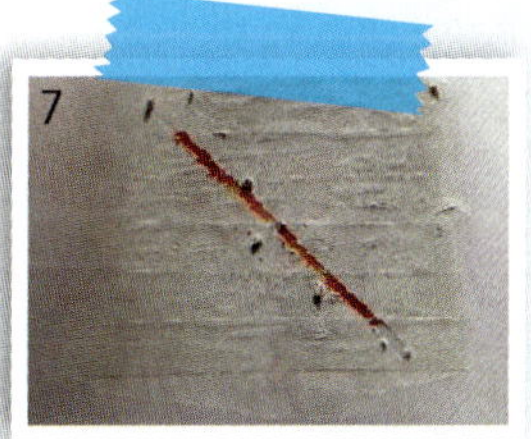

Erster Kratzer – Die Spannung steigt! Was ist da drunter?

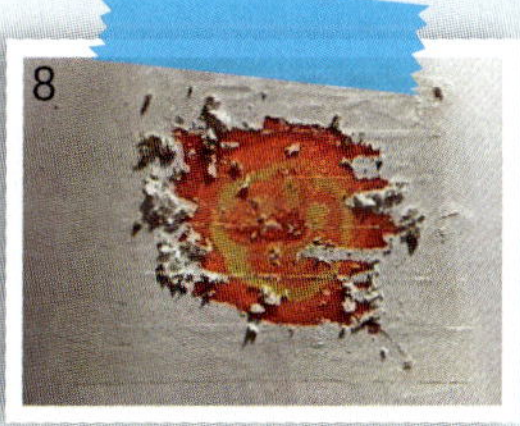

Langsam kann man etwas erkennen!

Variation mit schwarzem Auskratznotizblatt:

1.3 Rhythmik zu Vivaldis „Die vier Jahreszeiten – Winter" / Schneeflockenspiel

WAS?

Die Bewegungen der fallenden Schneeflocken (aus Seidenpapier) werden von einer Kleingruppe (6 bis 8 Kinder) mit großer Altersmischung (4 bis 6 Jahre) genau beobachtet und mit dem Körper nachempfunden. Dann wird der 1. Satz des Musikstücks von Antonio Vivaldi „Die vier Jahreszeiten – Winter" (L' Inverno; Allegro non molto) bewusst angehört und besprochen, danach in Bewegung umgesetzt.

WARUM?

Die **Verbindung von Musik, Bewegung und Sprache in der Rhythmik** begeistert die Kinder im Kindergartenalter und fördert ganzheitlich sensorische, sozial-emotionale, motorische und kognitiv-kreative Fähigkeiten der Kinder.
„Die Arbeitsweise der Rhythmik basiert auf der Annahme einer Wechselwirkung von Erfahrungen und Erkenntnissen, die über Musik/Bewegung und erweiternd über Stimme/Sprache Elemente der Bildenden Kunst sowie den Umgang mit verschiedenen Materialien ausgelöst werden. […] Die Arbeitsweise der Rhythmik rückt die Bedeutung der Sinneswahrnehmung für die Entwicklung neuronaler Netzwerke in den Vordergrund und schafft Rahmenbedingungen, innerhalb derer Erfahrungen auf vielschichtigen Wahrnehmungsebenen möglich sind."
(Schultze, 2005, S. 6 ff.)

Bei diesem Rhythmikangebot werden **unterschiedliche Sinneserfahrungen** angesprochen:

* Die Kinder betrachten den Fall einer „Seidenpapierschneeflocke" genau und drücken ihre Beobachtungen mit ihrem Körper (Hand/ Arm und ganzer Körper) aus.
* Die Kinder hören sich das Musikstück von Vivaldi bewusst an, sammeln differenzierte rezeptive Höreindrücke und drücken diese über die Sprache und die Bewegung aus. Musikalische Parameter wie laut – leise, schnell – langsam und hoch – tief werden dem Musikstück zugeordnet.
* Die kinästhetische Wahrnehmung wird durch die musikalischen Impulse angesprochen; die Differenzierung der Körper-Raum- und Bewegungswahrnehmung wird dadurch beeinflusst.

Die **Konzentrations- und Merkfähigkeit** wird durch das genaue Beobachten der Bewegungsfolge und des eigenen Umsetzens des Gesehenen angesprochen. Durch die Bewegungsumsetzung wird das **Körperbewusstsein** ausgebildet, denn die Kinder koordinieren und isolieren ihre Bewegungen. Die Kinder üben sich in **Geduld,** sie merken, dass es sich lohnt, aufmerksam zu sein und zu warten, denn „es tut gut, sich Zeit nehmen zu können und Zeit zu bekommen“ (Schultze, 2005). In der **Sprache** wird das Wortfeld „fallen" erweitert: um trudeln, drehen, rollen, hüpfen, wirbeln, schweben, tanzen usw.

WIE?

Materialliste:

* Schneekristalle aus Seidenpapier in einem Körbchen (etwas mehr als teilnehmende Kinder)
* Matten, Decken, Kissen für die „Fantasiereise“, das Zuhören der Musik
* CD von Antonio Vivaldi „Die vier Jahreszeiten – Winter“, 1. Satz (3:19 Min.)
* Weiße Krepppapierbänder in der Anzahl der teilnehmenden Kinder für den Tanz, Tesafilm

Ablauf:

Die Erzieherin trifft sich mit den Kindern (in Sport-/Bewegungskleidung) in der Mitte des Raumes und setzt sich auf den Boden. Das Körbchen mit Schneeflocken in der Mitte des Raums hilft den Kindern, sich in einem Kreis rundherum zu setzen. Die Kinder kommen zur Ruhe (evtl. Eingangsritual wie das Begrüßungslied „Wir sitzen im Kreis“) und die Erzieherin greift in das Körbchen, nimmt eine „Seidenpapierschneeflocke“ heraus und legt sie vor sich hin. Sie bittet die Kinder der Reihe nach, sich eine Schneeflocke zu nehmen und diese vor sich hin zu legen.

Die Erzieherin lässt ihre Schneeflocke aus Schulterhöhe auf den Boden fallen und bittet die Kinder „genau hinzuschauen, wie die Flocke fällt“. Sie wiederholt die Fallbewegung der Schneeflocke mit dem Arm und bittet die Kinder, die Fallbewegung mit einem ihrer Arme nachzuempfinden. Das nächste Kind ist an der Reihe, lässt seine Flocke im Sitzen aus Schulterhöhe fallen und wiederholt mit allen

Kindern die Fallbewegung mit dem Arm. Die Erzieherin begleitet den Fall der Schneeflocke sprachlich und benutzt präzise Beschreibungen für das Fallen. Vergleiche der Fallbewegungen können angestellt werden. Alle Kinder lassen der Reihe nach (ein Kind kann ein anderes auswählen, das noch nicht dran war) ihre Schneeflocke zu Boden fallen und die Bewegungsfolge wird mit dem Arm wiederholt.

Die Erzieherin lässt eine Schneeflocke stehend aus der Luft auf den Boden fallen. Alle beobachten diesen Vorgang und vollziehen ihn dann jeder für sich mit dem Körper nach. Jedes Kind wiederholt diesen Vorgang – sprachliche Begleitung und Vergleiche werden von der Erzieherin angeregt – alle Kinder wiederholen jeweils den Fallvorgang.

Die Kinder können nun „ihre Schneeflocke“ zu den Matten mitnehmen. Die Erzieherin kündigt eine musikalische Schneeflockenreise an. Sie bittet die Kinder, sich einen bequemen Platz bei den Matten und Decken zu suchen und der musikalischen Schneeflockenreise zuzuhören. Wer möchte, kann auch die Augen schließen, um sich die Schneeflocken besser vorstellen zu können. Die Erzieherin spielt den 1. Satz des Musikstückes „Die vier Jahreszeiten – Winter“ von Antonio Vivaldi ab (3 Min. 19 Sek.). Nach dem Hören des Musikstückes sollte eine kleine Pause gemacht werden, damit die Musik nachwirken kann. Dann folgt die Frage der Erzieherin: „Was habt ihr gehört und euch vorgestellt?“ Die Kinder antworten. Jede kindliche Aussage, jede geäußerte Vorstellung ist möglich und sollte wertgeschätzt werden. Die Erzieherin wiederholt und betont die Dynamik der Musik (leise – laut, schnell – langsam, hoch – tief) und die Bewegungsmöglichkeiten der Schneeflocken. Je nach Wunsch der Kinder kann das Musikstück nochmals gehört werden.

Die Erzieherin verwandelt nun alle Kinder in Schneeflocken, indem sie jedem Kind ein weißes Kreppband austeilt. Am Ende des Bandes wird die Schneeflocke des Kindes mit Tesafilm aufgeklebt. Nun sind alle Kinder als Schneeflocken bereit – sie stehen alle in einer großen Wolke zusammen. Dann macht die Erzieherin die Musik an, und die Schneeflocken fallen langsam zu Boden, drehen sich dort, fliegen wieder hoch, tanzen ein Stückchen zusammen, werden hochgewirbelt, fallen wieder und landen am Ende auf dem Boden. Die Erzieherin begleitet das Musikstück selbst als „Schneeflocke“ mit den Bewegungsimpulsen entsprechend zur Dynamik der Musik, und auch die Kinder drücken ihr Musikerleben mit ihrem Körper aus. Nach dem Musikstück können sich die Schneeflocken am Boden etwas ausruhen. Je nach Konzentration oder Wunsch der Kinder kann der Schneeflockentanz wiederholt werden.

Zum Ende des Schneeflockentanzes berichten die Kinder – einzeln, der Reihe nach – wo ihre Schneeflocke gelandet ist. Die Kinder nehmen ihre Schneeflocke mit und verlassen den Bewegungsraum.

Und wie geht es weiter?

Auch in diesem Projekt gibt es viele Möglichkeiten der Weiterführung. *Was* weitergeführt wird, bestimmen die Kinder. Deshalb gilt es, auch hier die Kinder intensiv in ihrem Beteiligungsgrad zu beobachten und dann zu entscheiden, was weitergeführt wird. Arbeitsgruppen mit unterschiedlichen Themen wären durchaus sinnvoll, zumal hier auch entwicklungsspezifisch auf die Kinder eingegangen werden kann.

Ideensammlung zu den Experimenten mit Schnee:

- Experimente mit Wasser, Eis und Schnee
- Experimente mit Salz und Schnee
- Schnee mit Schneeformer formen z. B. Herz und aufhängen
- Spuren im Schnee suchen und zuordnen ...

Ideensammlung zum Kreativen Gestalten:

- Mit Rasierschaum (Schnee) malen
- Im weißen „Wolkenteig“ kneten
- Papierdruck mit weißer Farbe auf dunklem Karton
- Mit weißer Kreide auf Glas malen ...

Ideensammlung zur Rhythmik:

- Rhythmik zum Lied „Schneeflöckchen“ oder „Es schneit“ von Rolf Zuckowski
- Rhythmik zum Gedicht „Frau Holle schließt die Fenster auf“ von Susanne Peter-Führe
- Klanggeschichte zum Märchen erarbeiten
- Malen zur Wintermusik von Antonio Vivaldi ...

2 Die Bienenkönigin

Zwei Königssöhne gingen einmal auf Abenteuer und gerieten in ein wildes, wüstes Leben, so dass sie gar nicht wieder nach Haus kamen. Der Jüngste, welcher der Dummling hieß, machte sich auf und suchte seine Brüder. Aber wie er sie endlich fand, verspotteten sie ihn, dass er mit seiner Einfalt sich durch die Welt schlagen wollte, und sie zwei könnten nicht durchkommen und wären doch viel klüger.
Sie zogen alle drei miteinander fort und kamen an einen Ameisenhaufen. Die zwei ältesten wollten ihn aufwühlen und sehen, wie die kleinen Ameisen in der Angst herumkröchen und ihre Eier forttrügen, aber der Dummling sagte: „Lasst die Tiere in Frieden, ich leid´s nicht, dass ihr sie stört." Da gingen sie weiter, und kamen an einen See, auf dem schwammen viele, viele Enten. Die zwei Brüder wollten ein paar fangen und braten, aber der Dummling ließ es nicht zu und sprach: „Lasst die Tiere in Frieden, ich leid´s nicht, dass ihr sie tötet."
Endlich kamen sie an ein Bienennest, darin war so viel Honig, dass er am Stamm herunterlief. Die zwei wollten Feuer unter den Baum legen und die Bienen ersticken, damit sie den Honig wegnehmen könnten. Der Dummling hielt sie aber wieder ab und sprach: „Lasst die Tiere in Frieden, ich leid´s nicht, dass ihr sie verbrennt."
Endlich kamen die drei Brüder in ein Schloss, wo in den Ställen lauter steinerne Pferde standen, auch war kein Mensch zu sehen, und sie gingen durch alle Säle, bis sie vor eine Tür ganz am Ende kamen, davor hingen drei Schlösser; es war aber mitten in der Türe ein Lädlein, dadurch konnte man in die Stube sehen. Da sahen sie ein graues Männchen, das an einem Tisch saß. Sie riefen es an, einmal, zweimal, aber es hörte nicht.
Endlich riefen sie zum dritten Mal, da stand es auf, öffnete die Schlösser und kam heraus. Es sprach aber kein Wort, sondern führte sie zu einem reichbesetzten Tisch. Und als sie gegessen und getrunken hatten, brachte es einen jeglichen in sein eigenes Schlafgemach. Am anderen Morgen kam das graue Männchen zu dem Ältesten, winkte und leitete ihn zu einer steinernen Tafel, darauf standen drei Aufgaben geschrieben, wodurch das Schloss erlöst werden könnte. Die erste war, in dem Wald unter dem Moos lagen die Perlen der Königstochter, tausend an der Zahl, die mussten aufgesucht werden, und wenn vor Sonnenuntergang noch eine einzige fehlte, so ward der, welcher gesucht hatte, zu Stein.
Der Älteste ging hin und suchte den ganzen Tag, als aber der Tag zu Ende war, hatte er erst hundert gefunden; es geschah, wie auf der Tafel stand, er ward in Stein verwandelt. Am folgenden Tag unternahm der zweite Bruder das Abenteuer. Es ging ihm aber nicht viel besser als dem Ältesten, er fand nicht mehr als zweihundert Perlen und ward zu Stein.

Endlich kam auch an den Dummling die Reihe, der suchte im Moos, es war aber so schwer die Perlen zu finden, und ging so langsam. Da setzte er sich auf einen Stein und weinte. Und wie er so saß, kam der Ameisenkönig, dem er einmal das Leben erhalten hatte mit fünftausend Ameisen, und es währte gar nicht lange, so hatten die kleinen Tiere die Perlen miteinander gefunden und auf einen Haufen getragen.
Die zweite Aufgabe aber war, den Schlüssel zu der Schlafkammer der Königstochter aus dem See zu holen. Wie der Dummling zum See kam, schwammen die Enten, die er einmal gerettet hatte, heran, tauchten unter und holten den Schlüssel aus der Tiefe.
Die dritte Aufgabe aber war die schwerste: Aus den drei schlafenden Töchtern des Königs sollte die jüngste und liebste herausgesucht werden. Sie glichen sich aber vollkommen und waren durch nichts verschieden als dass sie, bevor sie eingeschlafen waren, verschiedene Süßigkeiten gegessen hatten; die Älteste ein Stück Zucker, die zweite ein wenig Sirup, die Jüngste einen Löffel voll Honig.
Da kam die Bienenkönigin von den Bienen, die der Dummling vor dem Feuer geschützt hatte, und versuchte den Mund von allen dreien. Zuletzt blieb sie auf dem Mund sitzen, der Honig gegessen hatte, und so erkannte der Königssohn die rechte.
Da war der Zauber vorbei, alles war aus dem Schlaf erlöst, und wer von Stein war, erhielt seine menschliche Gestalt wieder. Und der Dummling vermählte sich mit der jüngsten und liebsten und ward König nach ihres Vaters Tod; seine zwei Brüder aber erhielten die beiden anderen Schwestern.

(Brüder Grimm: Kinder- und Hausmärchen KHM 200)

Charakteristika

 Alter: fünf bis sechs Jahre

 Gruppengröße: sechs bis acht Kinder

 Dauer: 40 bis 45 Minuten

Förderschwerpunkte: Respekt und Achtung der Natur – den Tieren – gegenüber

BEOBACHTUNGSBEISPIELE

* *Marlon, 5;3 Jahre sitzt allein am Sandkastenrand in Richtung Pflaster im Außenspielbereich der Kita. Er schaut den dort umherlaufenden Ameisen einige Minuten lang zu. Dann drückt er mit dem Daumen so stark auf eine Ameise, dass diese zerquetscht wird. Der Erzieher, der die Situation beobachtet hat, spricht ihn an: „Marlon, ich habe gerade gesehen, wie du mit deinem Daumen eine Ameise zerdrückt hast. Das ist nicht in Ordnung. Die Ameisen sollten nicht absichtlich verletzt oder getötet werden, denn sie spüren auch Schmerzen. Du kannst die Ameisen beobachten, aber tu ihnen bitte nicht weh!“ Marlon hört dem Erzieher zu und nickt mit dem Kopf.*
* *Tom, 6;4 Jahre und Julia 6;2 Jahre spielen im Außengelände der Kita Fußball. Sie schießen abwechselnd auf das Tor bzw. versuchen, den Ball zu halten. Plötzlich schreit Julia laut auf: „Eine Biene!“ und rennt vom Spielort weg. Tom lacht Julia aus: „So 'ne Dumme – rennt vor 'ner Biene weg!“*
* *Die Vorschulkinder gehen regelmäßig in den Wald. An einem Tag werden erstmals Becherlupen und Lupen mitgenommen, um die kleinen Tiere des Waldes zu betrachten. Die begleitenden Erzieherinnen und Erzieher beobachten bei den Kindern großes Staunen und Interesse an den gefundenen Tieren. Die Kinder stellen viele Fragen nach Lebensräumen, den Namen der Tiere, nach Futter usw.*

Analyse der Beobachtungen

Alle drei Beobachtungen haben das Verhältnis der Kinder zu Tieren zum Thema, wobei das ganze Verhaltensspektrum deutlich wird: Von Neugier, Machterfahrungen und Experimentieren mit Tieren über Angst, vielleicht auch Ekel vor ihnen bis zu Staunen und Begeisterung – Kinder zeigen grundsätzlich ein großes Interesse an Tieren. Vor der geplanten Umsetzung des Themas „Tiere“ ist eine Grundsatzdiskussion im Team unumgänglich. Es ist notwendig, dass gemeinsame Werte und Haltungen im Umgang mit der Natur im weiten und den Tieren im engeren Sinne ausgelotet werden:

* Wie stehen wir zum Tier- und Umweltschutz?
* Wie behandeln wir Tiere, die uns in der Kita begegnen?
* Wie sollten unsere Kinder die Tiere behandeln?
* Was fordert der Bildungsplan unseres Bundeslandes zum Thema Mitgefühl gegenüber Tieren bzw. Naturerfahrung und Naturschutz?
* Wie erfahren die Kinder, dass sie Menschen, Tieren und Natur einfühlend und respektvoll begegnen sollten?

Der Kontakt mit Tieren „ermöglicht elementare und weitreichende Erfahrungen:

- Es geht um die Wahrnehmung von Lebewesen an sich,
- das Erleben von Ähnlichkeit und Anderssein,
- es geht um Wissen, Respekt und Einfühlungsvermögen,
- es geht um die psychische Seite ökologischer Zusammenhänge,
- die Entwicklung des Ich-Bewusstseins und
- die eigene Persönlichkeit. Es geht um eine Annäherung an die Natur in vielen Dimensionen."

(Vgl. Österreicher 2005, S. 6 f.)

Tiere haben für die Kinder auch Symbolcharakter – das Tier wird vermenschlicht, anthropomorph gesehen, was bedeutet, dass das Verhalten der Kinder gegenüber Tieren immer ihr eigenes Verhalten gegenüber sich selbst bzw. gegenüber anderen spiegelt. Wenn hier also das Einfühlungsvermögen als Erziehungsziel angestrebt wird, dann handelt es sich um allgemeine soziale Ziele, die sich auf alle Bereiche, die eigene Person betreffend, transferieren lassen. Die vermenschlichte Wahrnehmung von Tieren ist – ähnlich wie bei Kindern – auch bei Erwachsenen zu beobachten.

Didaktische Überlegungen

Märchenanalyse

Das Volksmärchen „Die Bienenkönigin" ist ein klassisches Kettenmärchen und damit erst für ältere Kindergartenkinder geeignet. Die einzelnen Märchenszenen werden in einer „Und-dann-Verbindung" aneinandergereiht, wobei der „rote Faden", die Handlungsstruktur, gut für die Kinder erkennbar ist: Der jüngste, vermeintlich dümmste Bruder errettet mit seiner Liebe und Achtsamkeit den Tieren gegenüber das Königsschloss und damit sich selbst, seine Brüder und eigentlich die ganze Welt. Als Belohnung erhält er die liebste und jüngste Königstochter und das Königreich. Der Dummling kann als Verkörperung einer sich entwickelnden Persönlichkeit verstanden werden – was von den Kindern intuitiv auf die eigene Situation übertragen werden kann. Die Identifikation mit dieser Hauptfigur dürfte den Kindern leichtfallen: Jemand, dem man eigentlich nichts zugetraut hat, der dann aber alle erlöst und König wird, ist eine ausgesprochen persönlichkeitsstärkende Hauptfigur.
Das Märchen beginnt schon mitten in der Handlung – der sonst übliche formelhafte Erzählstil fehlt – es gibt keine Einleitungsformel oder Abschlussformel. Dies kann man aber methodisch mit ausgewählten Märchenritualen ausgleichen (siehe Seite 24). Es

wiederholt sich im Märchenverlauf dreimal die Aussage des jüngsten Bruders: „Lasst die Tiere in Frieden, ich leid´s nicht, dass ihr sie stört – tötet – verbrennt." Durch die Wiederholung wird die Hauptaussage des Märchens, die Tiere zu achten, besonders hervorgehoben und betont.
Gleich zu Beginn des Märchens wird deutlich, dass der jüngste Bruder seinen Werten und seiner Haltung gegenüber der Umwelt treu bleibt. Er zeigt Ehrfurcht, Respekt und Achtung vor den Tieren - vor dem Leben – und geht seinen eigenen Weg. Nach der anfänglichen Verspottung des Jüngsten akzeptieren die älteren Brüder die Einwände ohne Widerworte oder weitere Verspottung. Und doch lernen sie nicht aus dem Vorbild ihres Bruders: Sie werden in Stein verwandelt, sind starr, verharren in sich, werden erst zum Schluss vom jüngsten Bruder erlöst und begeben sich auf ihren zugewiesenen Lebensplatz.
Das Märchen endet in einer symbiotischen Ganzwerdungssituation: Das Weibliche und das Männliche vereinen sich – werden zu Königin und König. Die gegengeschlechtlichen Anteile, die sich zuerst typisiert gegenüberstanden, werden miteinander verbunden. Die weiblichen Figuren des Märchens stehen für die seelische und emotionale Entwicklung, während die männlichen Figuren für die geistige Entwicklung stehen. Die Vereinigung dieser beiden Persönlichkeitsmerkmale ist die höchste Form der Selbstfindung und die wahre Erfüllung im Leben.
Den Personen stehen die Tiere in diesem Märchen gegenüber bzw. zur Seite. Die Tiergestalten stammen aus drei Elementen: Erde – Ameise; Wasser – Ente; Luft – Biene. Die Ameise als kleines, fleißiges, nur in großen Gemeinschaften lebendes Insekt, ähnelt im Märchen der Biene. Die Ente ist ein Tier, das sich auf der Erde, im Wasser und in der Luft bewegen kann. Der Schutz der Tiere steht im Märchen „Die Bienenkönigin" für den Schutz der Umwelt. Nur wer diese achtet und niemandem etwas zuleide tut, kann Erfüllung im Leben finden.
So wird dem jüngsten Königssohn, der an der für ihn schwierigen (Lebens-)Aufgabe zu verzweifeln drohte, Hilfe geschenkt. Die Kinder können hier für sich mitnehmen, dass es eine große Stärke und keine Schwäche darstellt, in schwierigen Situationen Hilfe anzunehmen. In der Hilfe der dankbaren Tiere wird das Gemeinschaftsprinzip deutlich: Nur gemeinsam lassen sich die tausend Perlen aufsammeln, gemeinsam der Schlüssel auf dem Grund des Sees bergen. Nur die Bienenkönigin ist als Vertreterin aller Bienen alleine aktiv – letztlich die wahre Erlöserin und Retterin im Märchen und deshalb auch die Titelgeberin des Märchens.

Förderung der Kinder durch den Einsatz des Märchens

Die Kinder identifizieren sich mit dem dritten, jüngsten und zuerst vermeintlich dümmsten Königssohn. Mit dieser Märchenfigur erleben sie deren Wandlung mit: vom Dummling zum Prinzen, indem er viele Abenteuer erlebt, die Aufgaben besteht, die er nur gemeinsam mit den Tieren bewältigen kann und schließlich als Belohnung die Prinzessin und das Königreich erlangt. Durch die Identifikation kann das einzelne Kind in seiner Persönlichkeitsentwicklung gestärkt werden. Es kann erkennen, dass man im Einklang mit den Tieren und der Natur Lebensglück erlangen kann. Ein respektvolles und achtsames Mensch-Tier-Verhältnis wird den Kindern durch dieses Märchen vermittelt und damit der Grundstein für ein Bewusstsein der Notwendigkeit eines Tier- und Umweltschutzes gelegt.
„Da Kinder in der Mensch-Tier-Beziehung besonders gut für die Bedürfnisse anderer Lebewesen sensibilisiert werden können, kann Erziehung zum Tierschutz gleichermaßen als Erziehung zum Menschenschutz und somit als allgemeine Gewaltprävention angesehen werden."
(Fiebich, 2015)

Die Reihenhandlung mit den vielen Erzählszenen muss von den Kindern kognitiv erfasst werden. Sie verinnerlichen diese und lassen fantasievoll eigene Bilder dazu entstehen. Das Gespräch zu Beginn und am Ende des Märchens bietet eine gute Gelegenheit, sich zu äußern und der Gruppe eigene Überlegungen zum Märchen mitzuteilen. Die besondere Methode des gemeinsamen, aktiven und bewegten Märchenerlebens stärkt das Gruppen- und Zusammengehörigkeitsgefühl der Kleingruppe.
Wir haben uns bewusst für die Originalsprache des Märchens entschieden, die zunächst etwas antiquiert wirkt, aber dadurch eine andere, märchenhafte Sprachebene lebendig werden lässt. Durch die nicht alltägliche Wortwahl erfährt das Kind eine Wortschatzerweiterung, beispielsweise durch die Wörter: *verspotten, Einfalt, wüstes Leben, reichbesetzter Tisch, einen jeglichen, Schlafgemach, ich leid's nicht …*
Auch grammatikalisch kommen einige, im Alltag nicht gebräuchliche Sprachstrukturen im Konjunktiv II mit Umlautbildung vor, wie *forttrügen, herumkröchen.*
Durch die spezifische methodische Planung der Märchenbegegnung sind vielfältige Sinneserfahrungen möglich:

* Visuelles Erfassen der Illustrationen und dadurch ästhetische Bildung,
* akustische Sensibilisierung für den wiederkehrenden Satz des jüngsten Königssohnes: „Lasst die Tiere in Frieden, ich leid´s nicht ...“,
* Tasterfahrungen durch das Aufsammeln und Auflesen der Perlen,
* Schmecken der Unterschiede Zucker – Sirup – Honig.

Methodische Überlegungen zur Einführung des Märchens

Organisation und Vorbereitung

Die Vorbereitung des Märchens „Die Bienenkönigin“ ist umfangreich, doch lohnt sich der Aufwand durch ein ganz besonderes Märchenerlebnis für die Kinder. Die Erzieherin baut das Märchen in einzelnen Märchenszenen im Bewegungsraum oder einem ähnlich großen Raum auf. Die einzelnen Stationen sind durch einen Weg aus Seilen oder kleinen Gummimatten miteinander verbunden. Die Bilder zu den Märchenszenen können aus der Verlaufsplanung herauskopiert, vergrößert und auf die entsprechend gestaltete Station gelegt werden (siehe geplanter Ablauf S. 67f.).
Die Erzieherin beginnt mit einem kleinen Gespräch und geht dann, das Märchen erzählend, den Weg mit den Kindern ab. An den einzelnen Stationen gestalten die Kinder das Märchen aktiv mit und erleben so die Handlung des Märchens selbst. Zum Abschluss findet wieder ein Gespräch im Sitzen statt. Die genaue Planung entnehmen Sie bitte der Ablaufplanung in Tabellenform. Die Erzieherin kann anhand der Bilder und der aufgebauten Märchenszenen das Märchen gut erzählen lernen. Ein Vorlesen des Märchens ist durch die aktive Märchengestaltung nicht möglich.

Materialliste

* Für die Einstimmung:
- ein Märchenreifen (siehe S. 25),
- ein gestalteter Sitzkreis um eine Mitte, in der ein Korb steht mit den kopierten Bildern von je einer Ameise, einer Ente, einer Wildbiene und den drei Königssöhnen ohne Krone.

* Für den Hauptteil/Abschluss:
- kleine Gummimatten oder Seile für den „Märchenweg"
- Bilder vom Ameisenhaufen, dem See, dem Baum mit dem Bienennest, dem Moosplatz im Wald, dem Schloss, den drei Königspaaren, zwei Pferden aus Stein, dem Aufgabenbild
- Tücher als Unterlage für die Bilder: braune Tücher für den Ameisenhaufen, blaue für den See, braune für den Baum und den Moosplatz, beige für das Schloss, graue für die zwei Bilder vom Pferd aus Stein
- großer Korb mit Moos, Blättern, Tannenzapfen, vielen Perlen, einem Kästchen oder einer Schachtel
- Badewanne (als See) mit Sand, Blättern, Wasser und einem kleinen Schlüssel
- Tisch mit drei vorbereiteten Tellern: sechs Teelöffel mit Zucker, sechs Teelöffel mit Agavensirup und sechs Löffel mit Honig. Die Teller sollten abgedeckt sein, z. B. mit Topfdeckeln.
- evtl. Raumskizze erstellen zur Vorbereitung, damit alles am richtigen Platz liegt und keine Brüche beim Erzählen entstehen

Geplanter Ablauf

Bild 1 von einer Ameise,

Bild 2 von einer Ente,

Bild 3 von einer Wildbiene,

(Bild 4, 5, 6 von je einem Königssohn ohne Krone

Die Kinder steigen einzeln durch den Märchenreifen und nehmen im Sitzkreis Platz, in dessen Mitte der mit den Bildern vorbereitete Korb steht. Die Kinder schauen sich im Raum (sitzend) um. Die Erzieherin stellt vor, wer alles im Märchen vorkommt, und lässt von jedem Kind jeweils ein Bild aus dem Korb ziehen und dieses benennen:

Ameise, Ente, Biene, drei Mal ein Königssohn.

Jedes Kind nimmt sein gezogenes Bild mit auf den Märchenweg.

Hinweis:
Nehmen mehr als sechs Kinder teil, können zusätzliche Karten der Tiere ergänzt werden.

Märchentext	Illustrationen	Handlung
Zwei Königssöhne gingen einmal auf Abenteuer und gerieten in ein wildes, wüstes Leben, so dass sie gar nicht wieder nach Haus kamen. Der Jüngste, welcher der Dummling hieß, machte sich auf und suchte seine Brüder. *Aber wie er sie endlich fand, verspotteten sie ihn, dass er mit seiner Einfalt sich durch die Welt schlagen wollte, und sie zwei könnten nicht durchkommen und wären doch viel klüger.*	*Bilder 4 + 5: Die beiden älteren Königssöhne ohne Krone*    *Bild 6: Jüngster Königssohn*	Die Erzieherin steht mit den Kindern am Beginn des Märchenweges und erzählt. Die Bilder der zwei älteren Königssöhne werden zu Beginn des Märchenweges gelegt. Das dritte Bild des jüngsten Königssohnes wird dazugelegt.
Sie zogen alle drei miteinander fort und kamen an einen Ameisenhaufen. Die zwei ältesten wollten ihn aufwühlen und sehen, wie die kleinen Ameisen in der Angst herumkröchen und ihre Eier forttrügen, aber der Dummling sagte: „Lasst die Tiere in Frieden, ich leid´s nicht, dass ihr sie stört.“	*Bild 1 Ameise* 	Die Erzieherin erzählt. Die Erzieherin geht mit den Kindern zum Ameisenhaufen. Hier legt das Kind mit dem Ameisenbild sein Bild ab.

Da gingen sie weiter, und kamen an einen See, auf dem schwammen viele, viele Enten. Die zwei Brüder wollten ein paar fangen und braten, aber der Dummling ließ es nicht zu und sprach: „Lasst die Tiere in Frieden, ich leid´s nicht, dass ihr sie tötet."	 *Bild 2 Ente*	Die Erzieherin erzählt weiter. Die Erzieherin geht mit den Kindern zum See. Dort legt das Kind mit dem Entenbild sein Bild daneben.
Endlich kamen sie an ein Bienennest, darin war so viel Honig, dass er am Stamm herunterlief. Die zwei wollten Feuer unter den Baum legen und die Bienen ersticken, damit sie den Honig wegnehmen könnten. Der Dummling hielt sie aber wieder ab und sprach: „Lasst die Tiere in Frieden, ich leid´s nicht, dass ihr sie verbrennt."	 *Bild 3 Biene*	Die Erzieherin erzählt weiter. Die Erzieherin geht mit den Kindern zum Baum. Das Kind mit dem Bienenbild legt es neben den Baum.
Endlich kamen die drei Brüder in ein Schloss, wo in den Ställen lauter steinerne Pferde standen, auch war kein Mensch zu sehen, und sie gingen durch alle Säle, bis sie vor eine Tür ganz am	 *Bild 7: Schloss und Stall mit steinernem Pferd*	Die Erzieherin erzählt weiter.

Ende kamen, davor hingen drei Schlösser; es war aber mitten in der Türe ein Lädlein, dadurch konnte man in die Stube sehen. Da sahen sie ein graues Männchen, das an einem Tisch saß. Sie riefen es an, einmal, zweimal, aber es hörte nicht. *Endlich riefen sie zum dritten Mal, da stand es auf, öffnete die Schlösser und kam heraus. Es sprach aber kein Wort, sondern führte sie zu einem reichbesetzten Tisch. Und als sie gegessen und getrunken hatten, brachte es einen jeglichen in sein eigenes Schlafgemach.*		Die Erzieherin geht mit den Kindern zum Schloss und erzählt weiter, bis sie zur Tafel mit den drei Aufgaben kommen.
Am anderen Morgen kam das graue Männchen zu dem Ältesten, winkte und leitete ihn zu einer steinernen Tafel, darauf standen drei Aufgaben geschrieben, wodurch das Schloss erlöst werden könnte. Die erste war, in dem Wald unter dem Moos lagen die	 *Bild 8: Die steinerne Tafel mit den drei Aufgaben*	Die Erzieherin erzählt weiter. Die Erzieherin zeigt das Bild mit der Tafel und den drei Aufgaben und lässt die Kinder überlegen, was das für Aufgaben sein könnten.

Perlen der Königstochter, tausend an der Zahl, die mussten aufgesucht werden, und wenn vor Sonnenuntergang noch eine einzige fehlte, so ward der, welcher gesucht hatte, zu Stein.		Die Kinder spekulieren über die erste Aufgabe. Die Erzieherin erzählt das Märchen weiter.
Der Älteste ging hin und suchte den ganzen Tag, als aber der Tag zu Ende war, hatte er erst hundert gefunden; es geschah, wie auf der Tafel stand, er ward in Stein verwandelt.	 *Bild 9: Erstes Pferd aus Stein*	Die Erzieherin erzählt weiter. Die Erzieherin geht mit den Kindern zum Korb mit dem Moos. Ein Kind nimmt das Bild vom Pferd aus Stein (unter dem Mooskorb) und legt es zum Stall beim Schloss auf den Boden.
Am folgenden Tag unternahm der zweite Bruder das Abenteuer. Es ging ihm aber nicht viel besser als dem Ältesten, er fand nicht mehr als zweihundert Perlen und ward zu Stein.	 *Bild 10: Zweites Pferd aus Stein*	Die Erzieherin erzählt weiter. Ein weiteres Kind nimmt das zweite Bild vom Pferd aus Stein (unter dem Mooskorb) und legt es zum Stall beim Schloss auf den Boden.

Endlich kam auch an den Dummling die Reihe, der suchte im Moos, es war aber so schwer die Perlen zu finden, und ging so langsam. Da setzte er sich auf einen Stein und weinte. *Und wie er so saß, kam der Ameisenkönig, dem er einmal das Leben erhalten hatte mit fünftausend Ameisen, und es währte gar nicht lange, so hatten die kleinen Tiere die Perlen miteinander gefunden und auf einen Haufen getragen.*		Die Erzieherin erzählt weiter. Die Kinder suchen zusammen die Perlen in dem Korb. Sie legen sie in ein Kästchen/eine Schachtel und bringen sie zum Schloss.
Die zweite Aufgabe aber war, den Schlüssel zu der Schlafkammer der Königstochter aus dem See zu holen. *Wie der Dummling zum See kam, schwammen die Enten, die er einmal gerettet hatte, heran, tauchten unter und holten den Schlüssel aus der Tiefe.*	 *Bild 11* *Zweite Aufgabe: See mit Schlüssel*	Die Erzieherin und die Kinder betrachten die Tafel und spekulieren über die zweite Aufgabe. Dann erzählt die Erzieherin weiter. Die Kinder suchen gemeinsam in der Badewanne nach dem Schlüssel und bringen diesen zum Schloss.

Die dritte Aufgabe aber war die schwerste: Aus den drei schlafenden Töchtern des Königs sollte die jüngste und liebste herausgesucht werden. Sie glichen sich aber vollkommen und waren durch nichts verschieden als dass sie, bevor sie eingeschlafen waren, verschiedene Süßigkeiten gegessen hatten; die Älteste ein Stück Zucker, die zweite ein wenig Sirup, die Jüngste einen Löffel voll Honig.	 *Bild 12: Drei schlafende Prinzessinnen*	Die Erzieherin erzählt weiter. Die Erzieherin und die Kinder betrachten die Tafel und spekulieren über die dritte Aufgabe. Dann erzählt die Erzieherin weiter. Die Erzieherin geht mit den Kindern zum Tisch mit den drei Tellern. Die Löffel sind mit Topfdeckeln abgedeckt.
Da kam die Bienenkönigin von den Bienen, die der Dummling vor dem Feuer geschützt hatte, und versuchte den Mund von allen dreien. Zuletzt blieb sie auf dem Mund sitzen, der Honig gegessen hatte, und so erkannte der Königssohn die rechte.	 *Löffel mit Zucker*  *Löffel mit Sirup*	Die Kinder probieren selbst, den Honig herauszuschmecken. Dazu schließen sie die Augen. Die Erzieherin gibt jedem Kind der Reihe nach einen Teelöffel mit etwas Zucker, dann mit Sirup und zum Schluss mit Honig.

	 *Löffel mit Honig*	Erst wenn alle Kinder jeweils den Teelöffel erhalten haben, soll geraten werden, was es ist. Dann erzählt die Erzieherin weiter.
Da war der Zauber vorbei, alles war aus dem Schlaf erlöst, und wer von Stein war, erhielt seine menschliche Gestalt wieder. Und der Dummling vermählte sich mit der jüngsten und liebsten und ward König nach ihres Vaters Tod; seine zwei Brüder aber erhielten die beiden anderen Schwestern.	*Bild 13 vom jüngsten Prinzen und Bild 14 von seiner Prinzessin, beide mit Krone*   *Bild 15 und Bild 16 vom zweiten Paar mit Krone*	Die Kinder legen die Pferde aus Stein unter das Schloss. Zwei Kinder legen den Dummling und seine Königin. Die vier anderen Kinder legen der Reihe nach die anderen Paare.  Die Erzieherin geht mit den Kindern wieder zum Sitzkreis (Einstimmung) zurück. Nachdem alle Platz genommen haben, geht sie auf spontane Äußerungen der Kinder ein. Folgende Leitfragen können im abschließenden Gespräch gestellt werden: Wie geht der jüngste Königssohn mit den Tieren um?

	 *Bild 17 und Bild 18 vom dritten Paar mit Krone*	Er soll ein „Dummling“ sein – was meint ihr dazu? Was können wir von ihm lernen? Die Erzieherin entlässt die Kinder aus dem Märchen durch das Zurücksteigen durch den Märchenreifen.

Offene Planungen zu weiteren Projektimpulsen

2.1 Bilderbuchbetrachtung: *Die Honigbiene* von K. Hall und I. Arsenault

WAS?

Mit dem Bilderbuch *Die Honigbiene* von Kirsten Hall und Isabell Arsenault (NordSüd Verlag, Zürich, 2019) lässt sich das Thema „Biene“ weiter vertiefen.

Zum Inhalt: Das Bilderbuch zeigt in ästhetisch warmen Illustrationen das Leben der Honigbiene: Ihr Sammeln von Blütennektar, ihren Bienentanz, die Verwandlung des Nektars in Honig, die Überwinterung und das erneute Sammeln im Frühjahr. Das Besondere an diesem Bilderbuch ist, dass es neben der wunderbar gereimten, fantasievollen Sprache und den herrlichen goldgelben Bildern wie ein Sachbilderbuch informiert.

WARUM?

* Identifikation und emotionaler Bezug zur Biene:
  - Ängste vor dem Tier können abgebaut werden,
  - Wertschätzung und Achtung vor der Biene werden aufgebaut und damit die Grundlage geschaffen, diese Tiere schützen zu wollen.
* Vermittlung von Sachinformationen über die Wildbiene: Sammeln von Nektar, Bienentanz, Herstellung des Honigs und Überwinterung der Bienen.

* Ästhetische Bildung durch die kontrast- und bewegungsreichen, mit Pastellkreide gezeichneten Illustrationen und die originelle Darstellung der Hauptfiguren.
* Sprachförderung durch den lyrischen Text:
  Paarreim, Spiel mit Sprachmelodie und ausdrucksstarker Wortwahl z. B. „Flattern, fliegen, Nektar kriegen" oder „So ein Geschmause! So ein Gebrause! So ein Gesause!"

WIE?

Im Bilderbuch „Die Honigbiene" sind die Bilder und der Text gleichwertig und gleichgewichtig. Deshalb sollte die Erzieherin/der Erzieher der intensiven Bildbetrachtung und dem genauen Vorlesen des Bilderbuchtextes viel Aufmerksamkeit widmen. Um die ästhetische Bildwirkung zu verstärken, bietet sich eine Art „Bilderbuchkino" mit dem Beamer an. Hierfür werden die Bilder (und auch der Text) fotografiert und in eine Slideshow eingearbeitet.
Die Vorteile:

- alle Kinder können die Bilder gut und gleichzeitig sehen,
- einzelne Bildsequenzen auf einer Bilderbuch-Doppelseite können getrennt aufgenommen und dadurch besonders herausgestellt werden, und
- die Erzieherin kann den Text gleichzeitig zur Bildbetrachtung vorlesen.

Als Einstieg ist es ratsam, das Titelbild des Bilderbuches zu verdecken und gleich mit der ersten Doppelseite zu beginnen. Diese und die beiden weiteren Doppelseiten können als Rätsel dienen, wer wohl die Hauptfigur bei diesem Bilderbuch ist. Auf der vierten Doppelseite wird diese dann überdimensional vorgestellt: die Biene.
Als Abschluss bietet sich ein Gespräch mit folgenden Leitfragen an:

- Die Biene arbeitet sehr viel und fleißig: Was tut sie alles?
- Was hast du von diesen Arbeiten der Biene schon gewusst? Was war dir neu?
- Warum brauchen die Menschen die Bienen?

Mögliche Weiterführung:

- Im Bilderbuch sind Möglichkeiten genannt, um der Biene in ihrem Überlebenskampf zu helfen. Hier könnte man mit den Kindern gemeinsam überlegen, was umzusetzen wäre.
- Das weitere Angebot des Bilderbuches während der Freispielzeit hat eine vertiefende, durchaus neue Komponente, da die Kinder hierbei das Buch als Medium in Händen halten.

2.2 Ein Bienenstock im Kindergarten – Fragen an eine Bienenexpertin

Eine Imkerin und ehrenamtliche Mitarbeiterin beim Bienenzüchterverein Mannheim, hat sich bereit erklärt, unsere Fragen zu beantworten:

Wo können wir uns über das Leben der Bienen näher informieren?

„In jeder größeren Stadt gibt es Vereine, in denen sich Imker ehrenamtlich um den Schutz der Bienen bzw. um die Verbreitung von Informationen kümmern."

Gibt es das bei uns auch?

„Ja, in Mannheim gibt es zum Beispiel den Bienenzüchterverein, bei dem ich auch mitarbeite. (E-Mail: info@bienenzuechterverein-mannheim.de) In einem Park haben wir ein ‚Bienenhaus' eingerichtet."

Habt ihr da richtige Bienen?

„Wir haben ein ganzes Bienenvolk in einem Glaskasten mit Tausenden von Bienen, den sogenannten Arbeiterinnen, und einer Königin. Die Königin kann man gut erkennen, weil wir sie jedes Jahr mit einem Punkt markieren. Dieses Jahr hat sie einen roten Punkt. Die Bienen haben ein Ausflugloch nach draußen und sammeln den Honig im Park."

Können wir das Bienenhaus besuchen?

„Ja, zu uns kommen viele Kindergruppen, auch Erwachsene. Sie können die Bienen beobachten und auf großen Schautafeln mehr über das Leben der Bienen erfahren. Außerdem sind zu den Öffnungszeiten immer mehrere Imker da, die alle Fragen beantworten können. Zum Schluss können die Besucher verschiedene Honigsorten probieren. Wir verkaufen auch Honig, Bienenwachs und andere Dinge, die mit Bienen zu tun haben."

Was gibt es noch?

„Um interessierten Kindern und Erwachsenen zu zeigen, wie man Wildbienen schützen und erhalten kann, wurde in einem anderen Park ein ‚Bienenhügel' mit einer Wildblumenwiese und einem Insektenhaus angelegt.
Wenn ihr oder eure Eltern selbst etwas für die Bienen tun möchtet, könnt ihr eine so genannte ‚Bienenbox' bzw. eine ‚Bienenkiste' für

artgerechte Bienenhaltung im städtischen Raum einrichten. Wir helfen euch dabei, so eine Behausung für Bienen für den eigenen Garten oder Balkon aufzubauen. Außerdem könnt ihr das Wichtigste über die Pflege der Bienen erfahren. Wir bieten übrigens auch Kurse für zukünftige Imker und Imkerinnen an."

Bilder vom Einrichten einer Bienenkiste und die Erfahrungen, die eine Waldkindergartengruppe beim Einzug der Bienen in ihr neues Zuhause gemacht hat, finden Sie im Begleitmaterial BuchPlusWeb.

3 Der süße Brei

Es war einmal ein armes frommes Mädchen, das lebte mit seiner Mutter allein, und sie hatten nicht mehr zu essen. Da ging das Kind hinaus in den Wald, und begegnete ihm da eine alte Frau, die wusste seinen Jammer schon und schenkte ihm ein Töpfchen, zu dem sollte es sagen: „Töpfchen koche", so kochte es guten süßen Hirsebrei, und wenn es sagte: „Töpfchen steh", so hörte es wieder auf zu kochen. Das Mädchen brachte den Topf seiner Mutter heim, und nun waren sie ihrer Armut und ihres Hungers ledig und aßen süßen Brei so oft sie wollten. Auf eine Zeit war das Mädchen ausgegangen; da sprach die Mutter: „Töpfchen koche", da kocht es und sie isst sich satt; nun will sie, dass das Töpfchen wieder aufhören soll, aber sie weiß das Wort nicht. Also kocht es fort, und der Brei steigt über den Rand hinaus und kocht immerzu, die Küche und das ganze Haus voll, und das zweite Haus und dann die Straße, als wollt´s die ganze Welt satt machen, und es ist die größte Not, und kein Mensch weiß sich da zu helfen. Endlich, wie nur noch ein einziges Haus übrig ist, da kommt das Kind heim und spricht nur „Töpfchen steh", da steht es und hört auf zu kochen; und wer wieder in die Stadt wollte, der musste sich durchessen.

(Brüder Grimm: Kinder- und Hausmärchen KHM 103)

Charakteristika

 Alter: zwei bis drei Jahre bzw. vier bis fünf Jahre

 Gruppengröße: vier bzw. sechs Kinder

 Dauer: 15–20 Minuten bzw. 30–40 Minuten

Förderschwerpunkte: Stärkung des Selbstwertgefühls der Kinder

BEOBACHTUNGSBEISPIELE

* Drei Kinder (Johann 3;0; Emely 2;7 und Merle 3;2) sitzen in der Rollenspielecke am gedeckten Tisch. Drei Teller, zwei Töpfe und zwei Löffel liegen auf dem Tisch. Johann und Emely sitzen, Merle steht. Folgender Dialog beginnt:

  Johann: „Will auch Daffee!"
  Merle: „Milch und Zucker? Drin?" Sie rührt im Becher.
  Johann nickt.

Merle stellt einen Becher zu ihm: „Da!“
Johann: „Hier dringen?“
Merle: „Ja.“
Emely rührt mit einem Löffel in einem der Töpfe: „Es gibt Nudeln!“
Merle: „Und Soße.“ Sie rührt im zweiten Topf.

* Julie (2;3) hält sich einen Topf vor den Mund und ruft in den Topf: „‘allo, allo!“ Dann schaut sie in den Topf. Sie wiederholt „‘allo!“. Julie hält sich den Topf weiter weg und rutt: „‘allo, allo, paff, paff.“ Florian kommt zu Julie, nimmt den anderen Topf und ruft hinein: „Paff, paff, he, he.“ Beide steigern ihre Lautstärke im weiteren Rufspiel.

* Im Sandspielkasten sitzen Rudi (4;3) und Luisa (4;7). Beide rühren mit alten Esslöffeln in Sandspieleimern. Sie füllen die Eimer mit Sand, rühren im Sand, graben im Sandeimer ein Loch, rühren wieder. Sie stehen auf, gehen zu den Erzieherinnen und zu den Kindern im Garten und bieten „Kartoffelsuppe“ – also einen Esslöffel Sand – zum Probieren an.

* Vorstellung „meiner“ Gruppe: In meiner Gruppe sind aktuell im November insgesamt 21 Kinder. Sie besteht aus zehn Mädchen und elf Jungen.

Anzahl	Alter	Geschlecht	Dauer der Gruppenzugehörigkeit
5	3 Jahre	2 Mädchen 3 Jungen	seit Sept. dieses Jahres in der Gruppe
7	4 Jahre	3 Mädchen 4 Jungen	ein Kind seit September; sechs Kinder seit einem Jahr
6	5 Jahre	4 Mädchen 2 Jungen	seit zwei Jahren im Kindergarten
3	6 Jahre	1 Mädchen 2 Jungen	ein Kind seit September; zwei Kinder seit zwei Jahren

Die dreijährigen Kinder haben sich allgemein gut eingelebt und spielen gerne unbeobachtet und selbständig. Dabei brauchen sie viel Raum und Platz zum Spielen. Ein dreijähriger Junge erlebt gerade die Trennung seiner Eltern und hat seit Kurzem Schwierigkeiten in der Bringzeit, d. h., er weint verstärkt, lässt sich aber gut von uns Erzieherinnen trösten. Auch bei den Vier- und Sechsjährigen gibt es zwei

Kinder, die Trennungs- bzw. Scheidungserfahrungen haben. Bei einem Mädchen hat sich das Spiel- und Kontaktverhalten stark verändert. Sie zieht sich verstärkt zurück und spielt alleine. Ein fünfjähriger Junge hat Schwierigkeiten, in der Gruppe anzukommen und sich zu integrieren. Seine Mutter bringt ihn sehr spät in die Kita oder vergisst auch schon mal ihn abzuholen. Im Frühjahr war die Mutter drei Monate in einem psychiatrischen Krankenhaus. Da wurde der Junge von der Oma gebracht, die die Familie in dieser Zeit unterstützte.

Auswertung der Beobachtungen:

Die Lebenssituation einzelner Kinder der ausgewählten Projektgruppe ist geprägt von der Trennung der Eltern. Es ändern sich Tagesabläufe, Wohn- bzw. Lebensorte, Regeln und Rituale und vieles anderes mehr für die Kinder. In der Kita haben sie die Möglichkeit, Sicherheit und Geborgenheit zu erfahren und damit die unsichere neue Situation zu bewältigen. Das Märchen „Der süße Brei“ kann die Kinder stärken und ihnen Mut machen, da auch im Märchen die Situation der Kleinfamilie (Mutter/Tochter) sich schwierig gestaltet, aber einen guten Ausgang findet.

Die Kinder spielen häufig mit Töpfen und Eimern: Sie rühren, schütten ein und aus, erproben ihre Stimme und hören auf deren Klang im Topf. Sie rühren im Sandeimer, kochen Essen usw.; Töpfe scheinen zurzeit ein Interessensthema der Kinder zu sein. Eine Theorie kindlicher Bildungsprozesse ist die sogenannte Schemata-Theorie/ Schemaplay.

Hebenstreit-Müller (2020) schreibt: „Kinder lernen durch eigenes Tun: durch sich wiederholende Handlungen, die bestimmten Mustern folgen. Der Entwicklungspsychologe Jean Piaget nennt solche immer wiederkehrenden Verhaltensmuster Schemata und versteht darunter Grundbausteine menschlichen Wissens. Linien, Verbinden, Verhüllen und Einhüllen, Rotation, Schichten, Sortieren, Transportieren oder Zudecken können solche Schemata sein, mit deren Hilfe Kinder ihre kognitiven Strukturen aufbauen und sich ein Bild von der Welt machen [...] Entscheidend für die Entwicklung von Schemata und der entsprechenden Fähigkeiten sind Wiederholung und Übung. Im freien Spiel erkunden die Kinder immer wieder Gelegenheiten, ihre Schemata anzuwenden, und benötigen dafür ihre ganz eigene Zeit. Neue Erfahrungen werden in vorhandene Schemata integriert und diese erweitert. Schemata, Cluster und Konzepte Schemata repräsentieren zunächst einfaches Tun und Denken. Jedes Schema (z. B.

Saugen oder Greifen) hat die Tendenz zur Wiederholung. Mit der Entwicklung und den zunehmenden Erfahrungen des Kindes werden weitere Schemata entwickelt. ‚Die Clusterbildung führt das Denken der Kinder zu größeren und komplexeren Ideen, zum Beispiel zum Nachdenken über Zeichen als Repräsentationen von Dingen.‘[1]

Dafür brauchen Kinder viele Gelegenheiten, ihre Schemata in unterschiedlichen Situationen und Kontexten auszuprobieren. Teig mit dem Mixer rühren, sich um die eigene Achse drehen, kreisende Handbewegungen: All das sind Erfahrungen, die das Schema „Rotation“ anreichern und zur Clusterbildung beitragen."

1) Zitat aus: Meade, A.; Cubey, P.: Thinking children. Learning about Schemas, S. 135, 2008, übersetzt von S. Hebenstreit-Müller)

(Hebenstreit-Müller in: Betrifft Kinder 03-04/2020, S. 20)

Dieses Rotation-Schema wird im Rühren bei der Herstellung des süßen Hirsebreis zum Erleben des Märchens aufgegriffen und weiter vertieft.

Didaktische Überlegungen

Märchenanalyse

Der süße Brei ist vom Umfang her kurz und durch die einsträngige Reihenhandlung einfach für die Kinder zu verfolgen. Deshalb ist er für jüngere Kinder im Alter von zwei bis fünf Jahren geeignet. Das „arme fromme“ Kind ist die Haupt- und Identifikationsfigur in diesem Märchen. Es lebt mit seiner Mutter allein. Als Alleinerziehende schafft die Mutter es nicht, das Kind und sich selbst (körperlich wie emotional) satt werden zu lassen. Das Kind ist in diesem Märchen der aktivere Teil im Gegensatz zur hilflosen Erwachsenen, denn es geht alleine (isoliert) hinaus in den Wald. Auch im realen Leben sind Eltern manchmal hilflos und wissen nicht weiter. Durch das Märchen „Der süße Brei“ wird die psychische Widerstandfähigkeit der Kinder gestärkt, indem aufgezeigt wird, dass es dem zuhörenden Kind nicht alleine so mit seinen Eltern geht, dass es einen Ausweg und Hilfe gibt.

Eine alte Frau, die von der Situation des Mädchens schon wusste, schenkt dem Mädchen ein Töpfchen. Hier taucht unerwartet eine Hilfe und eine wundersame Lösung des Problems auf. Das Symbol des Topfes steht für die Fürsorglichkeit und Sättigung. Verbunden mit den wiederkehrenden Sätzen „Töpfchen koche“ bzw. „Töpfchen steh“ wird das Wunderbare der Fürsorge, Wärme und Süße des Breis

deutlich. Der Hirsebrei ist für die zuhörenden Kinder sicherlich eher unbekannt. Tatsächlich aber schmeckt er sehr gut, macht satt und ist durch die vielen Mineralstoffe und Vitamine sehr gesund.

Hirse ist eine Getreideart, die schon vor 8000 Jahren in Nordafrika genutzt wurde, um Fladenbrot herzustellen. Laut Wikipedia stammt der Name „Hirse" aus dem Altgermanischen und ist von einem indogermanischen Wort für „Sättigung", „Nährung", „Naturhaftigkeit" abgeleitet. Im Mittelalter war Hirse auch in Europa ein wichtiges Nahrungsmittel und wurde vielfältig genutzt.

Nun ist im Märchen also das Kind der Wissensträger über das kochende Töpfchen. Das Märchen könnte eigentlich enden, wenn beide – Mutter und Tochter – „ihrer Armut und ihres Hungers ledig" waren und so oft süßen Brei essen konnten, wie sie wollten. Aber nein, das Märchen geht weiter. Wieder weiß die Mutter nicht die Lösung für das immer kochende Töpfchen, da das Mädchen ausgegangen war. Aus der innigen Zweierverbindung Mutter-Tochter erfolgt wieder eine Trennung der beiden und die Stärkung der kindlichen Persönlichkeit. Das Kind weiß die Lösung, es sorgt dafür, dass der süße Brei nicht die ganze Welt überflutet. Übersättigung ist nicht gesund – ja, sie kann verschlingen und große innere und äußere Not erzeugen. Erst die erlösenden Worte des Kindes stoppen den Überfluss und regulieren die Mutter-Kind-Beziehung

Der märchenhafte Charakter wird durch die Eingangsformel „Es war einmal" und den Schluss „und wer wieder in die Stadt wollte, der musste sich durchessen" gegeben. Die Märchenfiguren des armen frommen Mädchens, der Mutter und der alten Frau sind nur skizziert, sodass den Kindern viel Freiraum für eine eigene fantasievolle Vorstellung der Figuren gegeben ist.

Förderung der Kinder durch den Einsatz des Märchens

Wie in der Märchenanalyse schon ausgeführt, werden die Kinder in ihrem Selbstvertrauen gestärkt, da sie – vertreten durch die Identifikationsfigur – die Stärkeren sind. Die Mutter ist im Märchen nicht sehr lebenstüchtig und macht Fehler, während das Kind der Mutter zeigt, wie das Leben geht. Es wendet sogar für die ganze Stadt ein großes Unheil ab, als es endlich die erlösenden Worte „Töpfchen steh" spricht. Hier zeigt ein Kind mehr Stärke als Erwachsene.

Die Kinder identifizieren sich mit der Hauptfigur „dem Mädchen" und freuen sich und leiden mit ihm. Dabei spüren sie auf der emotionalen Ebene den Empfindungen und Gefühlen des Mädchens nach und empfinden diese empathisch mit. Der gute Ausgang des Märchens verschafft Befriedigung und Erleichterung. In der engen Erzählatmosphäre können die Kinder untereinander und zu der Märchenerzählerin eine geborgene, vertrauensvolle Situation erleben. Das gemeinsame Essen des vorbereiteten süßen Breis verschafft den Kindern Nahrung und Sättigung, sowohl im emotionalen als auch im körperlichen Bereich.

Die Kinder erfassen die einfache einsträngige Reihenhandlung des Märchens durch ein konzentriertes Zuhören. Sie stellen sich bildlich die Märchenfiguren und die Märchenhandlung in ihrer Fantasie vor und werden durch die wenigen Anschauungsmedien in diesem Prozess unterstützt. Durch das Bildrezept erfassen die Kinder im Alter von vier und fünf Jahren die Zubereitungsart des "Süßen Breis" und setzen es in Handlung um. Die Sprache wird bei den Kindern durch die offenen Fragestellungen zu ihren eigenen Erfahrungen und zum Rezept angeregt, der kindliche Wortschatz wird erweitert (Hirse; Töpfchen).

Methodische Überlegungen – Einführung des Märchens bei Kindern im Alter von zwei bis drei Jahren

* **Organisation – Vorbereitung:**
  - Einführungsritual für die jüngeren Kinder vorbereiten, z. B. Märcheneisenbahn (S. 24)
  - Glockenspiel zu Beginn und zum Ende der Märchenerzählung nach einer freien Melodie
  - Eine Raumskizze mit allen notwendigen Materialien erleichtert den Ablauf

Materialliste:

* Topf mit gekochtem Hirsebrei (Rezept S. 100),
* grünes Tuch, Tuch zum Abdecken des Topfes,
* fünf Sitzkissen um den Topf als Mitte,
* kleiner Tisch mit fünf Stühlen,
* fünf Teller, fünf Teelöffel, ein Esslöffel, fünf Becher, Tee oder Wasser.

* **Vorbereitung zum Märchenerzählen:**
  - Bilder zum Märchen malen oder Stichwörter notieren, zum Beispiel: Es war einmal, armes frommes Mädchen, Mutter, alte Frau, Wald und Töpfchen, Mutter und Tochter essen sich satt,

Haus und Stadt als der Brei überkocht, Mädchen bringt Töpfchen zum Stehen, Abschluss. Einzelne prägnante Sätze aus dem Märchen auswendig lernen.

* **Handgesten zum Märchenerzählen:**
  - Wir entscheiden uns, für die jüngeren Kinder das Märchen „Der süße Brei“ mit Handgesten zu erzählen. Eine deutliche Gestik und Mimik unterstützt den Sprechfluss der Erzählerin und erhöht die Aufmerksamkeit der zuhörenden Kinder. Die Erzieherin sollte unbedingt zuerst ihre eigenen Hände bei der Vorstellung der Handgesten betrachten und dann Blickkontakt zu den Kindern aufnehmen. Sie führt die Handgesten sehr langsam und deutlich aus. Die folgenden Ideen sollen Ihnen helfen, Ihre eigenen Gesten zu finden, denn diese müssen zu Ihrer Persönlichkeit passen.

Märchentext	**Handgesten/Mimik**	**Beispiele**
Es war einmal ein armes frommes Mädchen,	Eine Hand nach vorne ausstrecken	
das lebte mit seiner Mutter allein,	Zweite Hand nach vorne ausstrecken	
und sie hatten nicht mehr zu essen.	Kopf schütteln/ Hand auf den Bauch/Geste: Hungergefühl	

Märchentext	**Handgesten/Mimik**	**Beispiele**
Da ging das Kind hinaus in den Wald,	Beide Füße gehen im Sitzen	
und begegnete ihm da eine alte Frau, die wusste seinen Jammer schon und schenkte ihm ein Töpfchen,	Imaginär den Topf an beiden Henkeln fassen	
zu dem sollte es sagen: „Töpfchen koche", so kochte es guten süßen Hirse-brei,	Imaginär mit einer Hand rühren	
und wenn es sagte: „Töpfchen steh", so hörte es wieder auf zu kochen.	Aufhören zu rühren	
Das Mädchen brachte den Topf seiner Mutter heim, und nun waren sie ihrer Armut und ihres Hungers ledig und aßen süßen Brei so oft sie wollten.	Imaginär essen und über den Bauch streichen.	

Märchentext	Handgesten/Mimik	Beispiele
Auf eine Zeit war das Mädchen ausgegangen; da sprach die Mutter: „Töpfchen koche", da kocht es und sie isst sich satt;	Imaginär rühren und essen	
nun will sie, dass das Töpfchen wieder aufhören soll, aber sie weiß das Wort nicht.	Mimik für Nachdenken und Vergesslichkeit	
Also kocht es fort, und der Brei steigt über den Rand hinaus und kocht immerzu, die Küche und das ganze Haus voll,	Gestik des Entsetzens (beide Hände an den Kopf/Mit den Händen die Größe der Breimenge andeuten	
und das zweite Haus und dann die Straße, als wollt´s die ganze Welt satt machen, und es ist die größte Not, und kein Mensch weiß sich da zu helfen.	Kreisende, immer weiter ausladende Bewegungen mit beiden Händen machen/Mimik des Entsetzens	

Märchentext	Handgesten/Mimik	Beispiele
Endlich, wie nur noch ein einziges Haus übrig ist,	Einen Zeigefinger zeigen	
da kommt das Kind heim und spricht nur „Töpfchen steh", da steht es und hört auf zu kochen;	Stoppzeichen – flache Hand nach vorne zeigen	
und wer wieder in die Stadt wollte, der musste sich durch-essen	Imaginär essen – beide Hände auf die Oberschenkel zum Schluss	

Geplanter Ablauf:

Einstieg:

Mit der „Märcheneisenbahn" kommen die Kinder im vorbereiteten Raum an und nehmen auf den Sitzkissen Platz. Die Erzieherin wartet, bis alle Kinder gut und gemütlich sitzen. Dann spielt sie eine kurze Melodie auf dem pentatonisch gestimmten Glockenspiel und zieht das Tuch vom Topf in der Mitte.

Hauptteil:

Die Erzieherin erzählt das Märchen langsam mit Hand- und Körpergesten, wie beschrieben. Nachdem sie es erzählt hat, spielt sie wieder eine kurze Melodie auf dem Glockenspiel, macht eine Pause und lässt spontane Äußerungen der Kinder zu. „Das war das Märchen vom süßen Brei! Was ist wohl in unserem Töpfchen?" Sie wechselt mit den Kindern zum vorbereiteten Tisch und deckt ihn mit Hilfe der Kinder. Die Kinder und die Erzieherin nehmen Platz. Jedes Kind nimmt sich selbst aus dem Topf auf seinen Teller, rührt vorher nochmals den Brei um. Gemeinsam wird der Hirsebrei probiert. Jetzt ist Raum für Gespräche über den Geschmack des Breis, über den Topf, der so toll alleine kocht, über Essensvorlieben etc. Die Erzieherin achtet sehr auf die Äußerungen und Reaktionen der Kinder, um anschließend auf deren Grundlage die weiteren Schritte der Projektarbeit „Der süße Brei" zu planen.

Abschluss:

Die Kinder räumen mit der Erzieherin die Teller, Löffel und Becher auf das Regal. Anschließend bringt die Erzieherin die Kinder mit der „Märcheneisenbahn" (Tuff, tuff, tuff, die Eisenbahn, wer will in die Kita fahr'n – alleine fahren mag ich nicht, da nehm´ ich mir die ... mit) zurück.

Offene Planung zu weiteren Projektimpulsen

3.1 Freies Spiel mit Spieltöpfen (oder kleinen Kochtöpfen) und Sand für zwei bis drei Kinder

WAS?

In einem Raumbereich, der sich gut fegen lässt, bietet die Erzieherin ein vorbereitetes freies Spiel mit verschiedenen Gegenständen an: große (Bade-)Wanne, gefüllt mit Spielsand (z.B. Vogelsand), mehrere Esslöffel, mehrere Teelöffel, Spieltöpfe, Schüsseln, Becher, mehrere Handfeger und Schaufeln, evtl. zum weiteren Einsatz: Trichter, durchsichtige Krüge, Kochlöffel.

Wünschenswert wäre eine Materialerweiterung im Laufe des Spielangebotes.

WARUM?

* Bewegungsabläufe koordinieren –> Steuerung der Bewegung aus dem Handgelenk
* Auge-Hand-Koordination wird geübt, z. B. im Treffen der Öffnungen
* Stille und Ruhe erfahren -> emotionales Gleichgewicht erlangen
* Sensorische Erfahrung -> mit Händen den Sand anfassen, rieseln lassen; visuell und akustisch das Sandrieseln wahrnehmen; das Gewicht, die Temperatur des Sandes wahrnehmen
* Wortschatzerweiterung: einfüllen, ausfüllen, rieseln, schütten ...
* Bezug zum täglichen Leben – Vorbereitung für die Schüttübungen („Übungen des täglichen Lebens“) von Maria Montessori

WIE?

Die Erzieherin geht mit den Projektkindern in den vorbereiteten Raum. Sie lässt die Kinder die Gegenstände betrachten und benennen und begleitet das Experimentieren der Kinder mit den Materialien. Sie begleitet das Spiel sprachlich und lässt so alle Kinder an dem Spiel Einzelner teilhaben. Damit unterstützt sie das Zusammenspiel. Die Erzieherin übt sich in Zurückhaltung, denn die Kinder selbst sollen aktiv werden. Je nach Spielsituation – wenn wenig Spielaktivität der Kinder vorhanden ist – kann sie einzelne Spielaktionsimpulse (z.B. Schütten des Sandes in verschiedene Gefäße) setzen. Ansonsten liegt der Schwerpunkt der Aktivität der Erzieherin im feinfühligen Beobachten.

3.2 Wiederholtes Erzählen des Märchens „Der süße Brei“

WAS und WIE?

Die Erzieherin erzählt das Märchen „Der süße Brei“ wiederholt. Dabei achtet sie darauf, dass die Kinder immer mehr aktiv das Märchen erleben. Folgende Aktivitätsimpulse plant sie ein:

- Die Kinder bauen die Erzählmitte (grünes Tuch, Topf, Tannenzapfen für den Wald) selbst auf.
- Anstelle der Erzieherin spielen einzelne Kinder eine Melodie auf dem Glockenspiel zur Einstimmung.
- Die Kinder füllen den leeren „Märchentopf“ mit vorgekochter abgekühlter Hirse und Apfelmus, und jedes Kind rührt in dem Topf.
- Die Kinder bauen zusammen die Stadt, die im Märchen erwähnt wird, mit Bauklötzen auf.

WARUM?

- Wiederholung und Vertiefung der didaktischen Absichten der Märcheneinführung
- Wiederholung gibt den Kindern Sicherheit, da sie das Märchen schon kennen und doch neu erleben. Hilfreich sind dafür die Variationen zum Märchenerleben.
- Die Kinder erleben sich durch die aktive Teilnahme an der Gestaltung des Märchens als Beteiligte und nehmen das Märchen mit noch mehr Sinnen in sich auf.

3.3 Anrühren eines Bananenquarks mit anschließendem Essen

WAS?

Die vier Projektkinder bereiten an einem Tisch einen Bananenquark zu. Wichtig ist bei der Zubereitung das Rühren des Quarks. Anschließend wird der Quark gemeinsam – evtl. auch mit der gesamten Krippengruppe – gegessen.

WARUM?

* Im sozial-emotionalen Entwicklungsbereich erleben die Kinder, wie eine gemeinsame Mahlzeit zusammen zubereitet und verspeist wird. Jeder hat seine Aufgabe, jeder kommt an die Reihe, man muss auch abwarten üben, bis man dran ist, es wird zu zweit zusammengearbeitet – wobei die Haupterfahrung im Miteinander der vier Kinder liegt.
* Die Kinder üben ihre Feinmotorik beim Schälen, Schneiden, Rühren, Hantieren, beim Tischdecken und Essen. Dabei wird die Koordination der einzelnen Finger sowie Auge-Hand-Koordination geübt.
* Kognitiv müssen die Handlungsabläufe erfasst und konzentriert umgesetzt und ausgeführt werden. Durch die sprachliche Begleitung wird eine handlungsorientierte Sprachförderung ermöglicht.
* Sensorisch riechen und schmecken die Kinder die Banane, den Quark und den Agavendicksaft (und eventuell die Milch). Sie hantieren mit Werkzeugen und den Lebensmitteln und sammeln dabei haptische Wahrnehmungserfahrungen.

WIE?

Die Erzieherin stellt die Zutaten für den Bananenquark auf einen Materialwagen ab:

Brettchen, Messer (stumpfe Besteckmesser) für jedes Kind; Bananen in der Anzahl der mitessenden Kinder; 500 g Quark (20 % Bioqualität); Agavendicksaft oder ähnliches Süßungsmittel; ein wenig Milch in einem Kännchen; ein großer Rührlöffel; eine Schüssel für den Bananenquark und eine weitere für die Bananenschalen; Schüsselchen und Teelöffel für jedes Kind; Lätzchen oder feuchter Waschlappen.

Die Erzieherin bittet die Kinder, sich die Hände zu waschen, sich je ein Brettchen und Messer zu holen und sich hinzusetzen. Jedes Kind bekommt eine Banane und versucht sie zu öffnen (die Erzieherin hat die Banane vorher schon am Stiel mit dem Messer eingeritzt). Dann schälen die Kinder die Bananen und geben die Schale in die vorbereitete Schüssel. Die Kinder schneiden die Bananen mit ihren Messern in kleine Stücke und geben diese in die Bananenquarkschüssel. Nun wird der Quark mit einem großen Löffel in die Schüssel gegeben. Jedes Kind gibt der Reihe nach ein paar Tropfen Milch aus dem Kännchen in die Schüssel. Agavendicksaft wird zu zweit der Reihe nach in die Schüssel gegeben: Ein Kind gibt etwas auf den Rührlöffel, der von einem anderen Kind gehalten wird und dann in die Schüssel gerührt wird. Es wird abgewechselt. Alle Kinder rühren der Reihe nach mit dem Rührlöffel den Bananenquark. Dabei kann der Spruch aus dem Märchen abgewandelt gesprochen werden: „Schüsselchen koche, koche, koche – koche süßen Bananenquark – Schüsselchen koche, koche, koche – Schüsselchen steh´". Und das nächste Kind ist an der Reihe.

Nun waschen sich die Kinder ggfs. nochmals die Hände, decken den Tisch – und beginnen nach einem gemeinsamen Tischspruch den Bananenquark zu essen.

Wie geht es weiter im Projekt?

Sammeln Sie die Aussagen, Spielhandlungen, die Beteiligungsintensität der Kinder an den einzelnen Projektimpulsen. Befragen Sie die Eltern hinsichtlich der durchgeführten Projektimpulse. Werten Sie die Beobachtungen mit Ihren Kolleginnen/Kollegen und den Kindern aus und stellen Sie das weitere Vorgehen, die weitere Planung den Kindern vor. Achten Sie aufmerksam und feinfühlig auf die Reaktionen der Kinder und beziehen Sie diese so weit wie möglich mit ein.

3.4 Zubereitung eines Hirsebreis (für Kinder über drei Jahre)

Methodische Überlegungen zur Einführung des Märchens „Der süße Brei" für Kinder über drei Jahre

Vorbereitung:

Die Erzieherin kann den Hirsebrei mit den Kindern im Topf vorkochen (eine Tasse Hirse im Sieb waschen und mit 2 Tassen Wasser 20 Min. kochen. Evtl. Honig oder Zucker hinzufügen. Der Brei wird später noch durch das Apfelmus gesüßt!)

Vorbereitung zum Märchenerzählen:

siehe methodische Überlegungen für Kinder unter drei Jahren (siehe S. 90f.)

Materialliste

Hirse zur Anschauung (z. B. Hirsekolben zur Vogelnahrung; Hirse ungekocht in einer Schüssel

* Goldhirse, im Topf vorgekocht (im Topf muss noch Platz für die anderen Zutaten sein)
* 1 Glas Apfelmus (720ml)
* 200 g Haselnüsse, gemahlen
* Anzahl an Ess- und Teelöffeln entsprechend der teilnehmenden Kinder
* großer Rührlöffel/Schneebesen
* Schälchen/Tellerchen in der Anzahl der Kinder
* grüne Tücher für Waldboden bzw. große Tannenbäume
* Tannenzapfen, mindestens einer für jedes Kind
* farbige Tücher und rote Tücher als „Hausdächer"
* Märchenreifen (Rhythmikreifen mit Krepppapierbändern)
* Glockenspiel
* Märchenkerze/Streichhölzer
* Decken und Sitzkissen
* Bildrezept

Geplanter Ablauf:

Einstieg/Einstimmung – Zubereitung des süßen Breis

Die Erzieherin geht mit den Kindern in den vorbereiteten Raum zum Tisch, auf dem später der Brei zubereitet wird, und kündigt an: „Ich erzähle euch heute das Märchen vom süßen Brei." Sie knüpft an die Vorerfahrungen der Kinder an: „Hat jemand von euch schon einen süßen Brei gegessen? – Wie wurde er zubereitet?"

Die Erzieherin kündigt an: „Wir bereiten süßen Märchen-Brei zu. Schaut euch um, welche Zutaten gibt es hier?" Die Kinder benennen die Zutaten (Haselnüsse, Hirse, Apfelmus), wobei die Erzieherin die Lebensmittel für alle Kinder sichtbar macht. Erfahrungen sollen ausgetauscht werden. Die Kolbenhirse wird als eher unbekannte Zutat reihum betrachtet; anschließend werden einzelne Hirsekörner aus dem Kolben genommen und den Kindern in die Hand gegeben. Dabei werden die sinnlichen Erfahrungen (Farbe; Geruch; Form) verbalisiert. Die Erzieherin zeigt das Bildrezept: „Betrachtet das Rezept – wie wird der süße Hirsebrei gemacht?"

Die Kinder beschreiben das Rezeptplakat und bereiten den Brei dementsprechend zu:

Zur vorgekochten Hirse insgesamt sechs Esslöffel Apfelmus geben (pro Kind ein Esslöffel). Die Kinder rühren das Apfelmus mit ihrem Löffel in den Hirsebrei.

„Mit dem Topf und dem süßen Brei reisen wir nun ins Märchenland." – Die Kinder steigen durch den „Märchenreifen" und setzen sich auf die vorbereiteten Decken.

Hauptteil – Märchen „Der süße Brei"

Die Märchenkerze wird entzündet. „Im Märchen kommt ein Wald vor – lasst uns einen Wald aufbauen!" Die Kinder bauen aus Tannenzapfen und grünen Tüchern einen Wald. „Es kommt auch eine Stadt im Märchen vor – lasst uns noch eine Stadt aufbauen!" Aus Tüchern werden Häuser gelegt. Die Erzieherin achtet darauf, dass jedes Kind aktiv an der Gestaltung beteiligt ist.

Der Topf mit dem süßen Brei wird in die Mitte der Anschauung gestellt. Wenn die Kinder sich wieder gesetzt haben, spielt das Glockenspiel als Einleitung für das Märchenerzählen. Das Märchen wird den Kindern auswendig erzählt mit Gestik und Mimik (siehe S. 90). Am Ende des Märchens erklingt das Glockenspiel wieder.

Abschluss – Probieren des süßen Breis – Nachwirkenlassen des Märchens

Die Kinder können nun der Reihe nach vom süßen Brei kosten – Schälchen und Teelöffel werden ausgeteilt. Jedes Kind soll sich einen Löffel Brei aus dem Topf nehmen. Der süße Brei wird gegessen und gekostet. Anschließend können die Kinder zum Märchen frei erzählen. Nach dem Essen werden die Schüsselchen und Teelöffel eingesammelt, die Märchenkerze gelöscht, und die Kinder treten aus dem Märchenland durch den Märchenreifen wieder zurück in den Kindergarten.

3.5 Vier Getreidesorten vergleichen und vorbereiten fürs Einsäen (vier Kinder)

Getreidesorte	Körnerform	Pflanzenform
Hafer		
Hirse		
Roggen		
Weizen		

WAS?

Wenn die Kinder die Hirse interessant finden, dann empfiehlt es sich, vier Getreidesorten genauer zu betrachten und kennenzulernen. Hafer, Weizen, Hirse und Roggen werden als Korn unter der Lupe betrachtet – Ähnlichkeiten und Unterschiede werden bestimmt. Wer mag, kann das Korn auch probieren. Zu den Körnern werden Fotos von den dazugehörigen Getreidepflanzen gelegt. Die Getreidekörner werden in einem Becher mit Wasser eingeweicht. Ein nächster Schritt beinhaltet dann das Einsäen der eingeweichten Getreidekörner.

WARUM?

Kognitive Prozesse:

* Die Kinder erweitern ihren Wortschatz und üben eine sprachliche Kategorienbildung: Getreide ist der Überbegriff von Hafer, Roggen, Hirse, Weizen.
* Ähnlichkeiten und Unterschiede der Körner und der Getreidepflanzen werden visuell und haptisch (evtl. auch gustatorisch) festgestellt und verbal formuliert.
* Hypothesen werden gebildet: Warum meine ich, dass dieses Korn zu dieser Pflanze passt?

Sensorische Erfahrungen:

* Ganzheitliche Sinneserfahrungen (sehen, riechen, schmecken, tasten, Schwere der Körner fühlen) werden gesammelt.
* Visuelle Unterschiede werden mit oder ohne Lupe erlebt.

Feinmotorische Erfahrungen:

* Die Kinder üben sich in der gezielten Handhabung der Finger und Hände, indem sie die kleinen Getreidekörner greifen und untersuchen.
* Die Auge-Hand-Koordination wird durch das genaue Platzieren der Getreidekörner trainiert.

Sozial-emotionale Erfahrungen:

* Die Kinder erleben die Gruppe als Bereicherung: Anregungen, Ideen, Begründungen, Überlegungen werden ausgetauscht.
* Gemeinsam etwas erforschen macht Freude.
* Gesprächsregeln sollten in der Gruppe schon eingeführt und bekannt sein.

WIE?

Materialliste:

* Märchenbreitopf und Kolbenhirse aus der Anschauung vom Märchenerzählen; Körner von Weizen, Hirse, Roggen und Hafer; Fotos von den vier Getreidesorten als Pflanzen, vier Becher und Lupen zum Betrachten der Körner (Becherlupen sind auch geeignet) – auf den Getreidefotos und den Körnerbechern sind zu den jeweils passenden Körnern und Getreidepflanzen gleichfarbige Punkte aufgeklebt; vier Schildchen, vier Bleistifte und ein Klebestift zum Beschriften und Bekleben der Becher mit Namen der Kinder und Getreidesorte; Gießkanne mit Wasser gefüllt; Tablett; Plakat vom Einpflanzen.

* Die Kinder und die Erzieherin setzen sich an einen Tisch und erinnern sich mithilfe des Märchenbreitopfes und der Kolbenhirse an das Märchen „Der süße Brei". Die jeweiligen Erinnerungen der Kinder – insbesondere auch der Sinneserfahrungen zur Kolbenhirse – werden versprachlicht, wobei die Erzieherin den Kindern Zeit zum Nachdenken und Erzählen lässt. Die Erzieherin berichtet, dass sie drei weitere Getreidesorten mitgebracht hat und stellt das Tablett mit den Körnern in den Bechern und den Lupen auf den Tisch. Jedes Kind nimmt sich einen Becher und kann nun das Korn genauer untersuchen: Farbe, Form, Oberfläche können verglichen werden. Die Getreidebecher werden auch ausgetauscht. Im nächsten Teilschritt legt die Erzieherin die vier Fotos der Getreidepflanzen auf den Tisch. Die Kinder überlegen, tauschen sich aus, was hier die Ähnlichkeiten und die Unterschiede sind. Hypothesen, welche Pflanze zu welchem Korn passt, werden geäußert. Als Lösung finden die Kinder die gleichen Farbpunkte auf den Bechern und den Getreidefotos. Zum Abschluss malt jedes Kind mit Bleistift „sein Getreide" auf das Schildchen, schreibt seinen Namen und klebt es auf den entsprechenden Becher. Es füllt noch Wasser aus der Gießkanne in den Becher. Je nach Zeit und Konzentrationsdauer der Kinder kann das Pflanzplakat für den nächsten Schritt betrachtet werden.

3.6 Einpflanzen der Getreidekörner

WAS?

Die im vorherigen Projektschritt betrachteten und eingeweichten Getreidekörner werden mithilfe eines Pflanzplakates in Blumentöpfe eingepflanzt.

WARUM?

Kognitive Prozesse:

* Bilder können Symbole sein und müssen in konkrete Handlungen übertragen werden, dadurch werden die Kinder in der kognitiven Abstraktion geschult
* Sprachförderung durch die Versprachlichung des Pflanzplakats

Sensorische Erfahrungen:

* Die Kinder machen bei dem aktiven Prozess des Getreidepflanzens vielfältige sensorische Erfahrungen: sehen, fühlen, riechen.
* Die Kinder vernetzen und verarbeiten die einzelnen Sinnesbereiche zu einem ganzheitlichen Sinneseindruck und verknüpfen diesen mit Denken/Sprache und Bewegen/Feinmotorik.

Feinmotorische Erfahrungen:

* Die feinmotorischen Fähigkeiten der Hände werden durch das Einpflanzen der Getreidekörner differenziert und geübt: Es wird Erde mit den Händen in den Blumentopf gegeben, vorsichtig die Getreidekörner mit dem Wasser auf die Erde im Topf gegossen und diese dann mit Erde wieder bedeckt. Die präzisen Bewegungsabfolgen üben die Koordination und die Beherrschung der Hände.
* Grafologische Fähigkeiten werden durch das Schreiben des eigenen Namens und das Malen der Getreidepflanze auf den Blumentopf gefördert.

Sozial-emotionaler Erfahrungsbereich:

* Das Pflanzen in der Gemeinschaft und die Vorfreude auf das Wachsen der Getreidekörner kann in den Kindern ein Gefühl des Tätigseins und des Bewirkens auslösen. Eine Auseinandersetzung mit der Natur im weitesten Sinne ist durch die erlebte Pflanzerfahrung gegeben.

WIE?

Materialliste:

* Tisch mit Abdeckung (Wachstischtuchdecke) und Platz für vier Kinder und die Erzieherin
* Materialtisch mit vier Blumentöpfen und den im Becher eingeweichten Getreidesorten
* Blumenerde in acht Schälchen
* Gießkanne mit Wasser
* vier Aufkleber/Schildchen und Filz- oder Holzstifte
* Handtuch zum Abwischen der Hände, Besen und Schaufel zum Auffegen der Blumenerde
* Pflanzplakat

Ablaufplanung:

Die Kinder benennen die Materialien auf dem Materialwagen und holen sie sich zu ihrem Platz. Anhand des Pflanzplakats werden die Pflanzvorgänge besprochen und dann umgesetzt. Dabei sollen die Kinder so selbstständig wie möglich arbeiten:

1. Erde vom Schälchen in den Blumentopf.
2. Becher mit eingeweichtem Getreide auf die Erde in den Blumentopf schütten.
3. Erde aus dem zweiten Schälchen in den Blumentopf auf das Getreidekorn.
4. Auf die Schildchen den eigenen Namen und das Getreide als Getreidepflanze malen.
5. Mit der Gießkanne ein wenig gießen und an einen sonnigen Platz stellen.

Der Arbeitsplatz wird von den Kindern abgeräumt und gesäubert. Es wird geklärt, wer wann gießt und wer wann Fotos vom Wachstum der Getreidepflanzen macht.

Beispiel für ein Dokumentationsfoto

3.7 Ausdrucks-(Rollen-)spiel aus dem Erleben (Jeux Dramatiques) – „Der süße Brei“

WAS?

Das Märchen „Der süße Brei“ wird mit der Begleitung der erzählenden Erzieherin von acht Kindern aus ihrem eigenen innersten Erleben ohne Zuhilfenahme der Sprache gespielt. Sie wählen dabei ihre Rolle ganz frei, wobei gleiche Rollenwünsche Berücksichtigung finden. Der Ablauf nach der Methode der Jeux Dramatiques folgt einer klaren Struktur: Spielwünsche werden geäußert und besprochen, es folgen die Spielvorbereitung der Kinder – Gestaltung der Verkleidung und Spielort(e) – das Ausdrucksspiel selbst und die Nachbereitung bzw. Verarbeitungsphase.

WARUM?

Das Ausdrucksspiel ist ein ganzheitlicher Spielprozess unter Beteiligung aller Entwicklungsbereiche der Kinder, die stark ineinander verwoben sind. Deshalb gibt es hier keine Untergliederung in einzelne Bereiche.

Die klar vorgegebene Struktur des Ausdrucksspiels gibt den Kindern im Spiel einerseits Sicherheit und andererseits große Freiheit. Sie erleben sich selbst und die anderen Kinder in einer anderen Rolle. Durch die Reduzierung der Sprache beim Spiel selbst werden die Empfindungen und Gefühle über den Körper ausgedrückt. Die eigene Vorstellungskraft und die Spielfreude der Kinder können einen kreativen Ausdruck finden. Den Kindern wird das eigene individuelle Ausdrucksvermögen – das eigene innere Erleben des Märchens – bewusst und in der Gruppe allen gezeigt. In der Vorbereitungs- und Nachbereitungsphase werden Vorstellungen, Wünsche, eigenes Erleben von den Kindern geäußert. Dabei werden Emotionen verbalisiert sowie Empathie und Unterstützung geübt. Das soziale Lernfeld ist in dieser Spielform sehr groß: Konflikte werden bearbeitet, Standpunkte vertreten, Aushandlungsprozesse laufen, Begegnungen und gemeinsame Handlungen werden zugelassen, Nähe und Vertrauen werden aufgebaut usw. Insgesamt unterstützt die Methode der Jeux Dramatiques die Selbstwahrnehmung und den Aufbau des Selbstvertrauens.

WIE?

Materialliste:

* Gong, verschiedene farbige Tücher in unterschiedlichen Größen, eine helle lange Stoffbahn für den „überkochenden Brei", Topf, Kiste als Herd, Tisch mit zwei Stühlen und Geschirr.

Ablaufplanung:

Als Ausgangspunkt für das Ausdrucksspiel wird das Märchen „Der süße Brei" nochmals erzählt (siehe S. 91f.). Die Spielgruppe trifft sich im Kreis. Die Rollen werden von den Kindern frei gewählt. Die Besonderheit beim Ausdrucksspiel aus dem Erleben besteht darin, dass mehrere Kinder eine Rolle gemeinsam spielen können. Dadurch entfällt der Konkurrenzdruck völlig. Jedes Kind sucht sich die Rolle aus, die seinem momentanen Spielerleben entspricht. Dann äußern die Kinder in der Gruppe, wie sie die Rolle spielen möchten. Konfliktversprechende Spielwünsche, wie zum Beispiel, dass ein Kind den Breitopf mit dem Schwert angreifen will, werden besprochen und geklärt. In der Spielvorbereitung wählen die Kinder ihren Spielort und verkleiden sich mit Hilfe von Tüchern und Requisiten. Hier finden sie sich in ihre Rolle ein. Das Rollenspiel selbst beginnt mit dem akustischen Signal eines Gongs und endet damit auch wieder. Die Erzieherin erzählt das Märchen frei, wobei sie auf Beobachtungen und Handlungen der zum Märchenerzählen spielenden Kindern verbal eingehen kann. Die Kinder improvisieren und spielen ihre ausgewählte Rolle und die eigenen Spielhandlungen.

Nach dem Spiel ist eine Verarbeitungsphase wichtig – die Kinder schlüpfen aus ihrer Rolle und legen ihre Verkleidung ab. Zum Abschluss bekommen die Kinder Zeit und Gelegenheit zu erzählen, was sie im Märchenspiel erlebt haben, was sie bewegt und welche Eindrücke sie haben. Die Tücher und Requisiten werden gemeinsam wieder in die Kisten gelegt.

Wie geht's weiter im Projekt?

Die Projektkinder treffen sich zur weiteren Planung des Projektes. Die Erzieherin hat Fotos, Anschauungsmaterial und Beobachtungs- bzw. Gesprächsnotizen der durchgeführten Projektimpulse vorbereitet. Die Fotos und das Anschauungsmaterial werden von den Kindern zuerst betrachtet – Erinnerungen, Gefühle und Erlebnisse werden wachgerufen. Jetzt werden die Kinder gefragt, wie es weitergehen soll. Was wünschen sich die Kinder?

Die Erzieherin notiert sich Ideen, Überlegungen – sie lässt jedes Kind zu Wort kommen. Sie bedenkt bei der Planung, dass die Eltern, das Umfeld bzw. das Gemeinwesen mit in das Projekt einbezogen werden können. So können Landwirte oder Gartenbauvereine angesprochen werden oder Theaterformen ausprobiert und besucht werden. Eventuell gibt es ein weiteres Planungstreffen mit Abstimmung, welches der nächste Schritt sein kann.

4 Die Bremer Stadtmusikanten

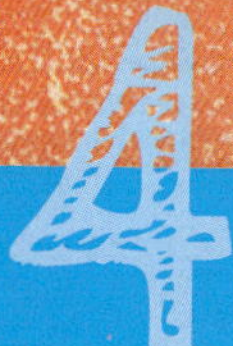

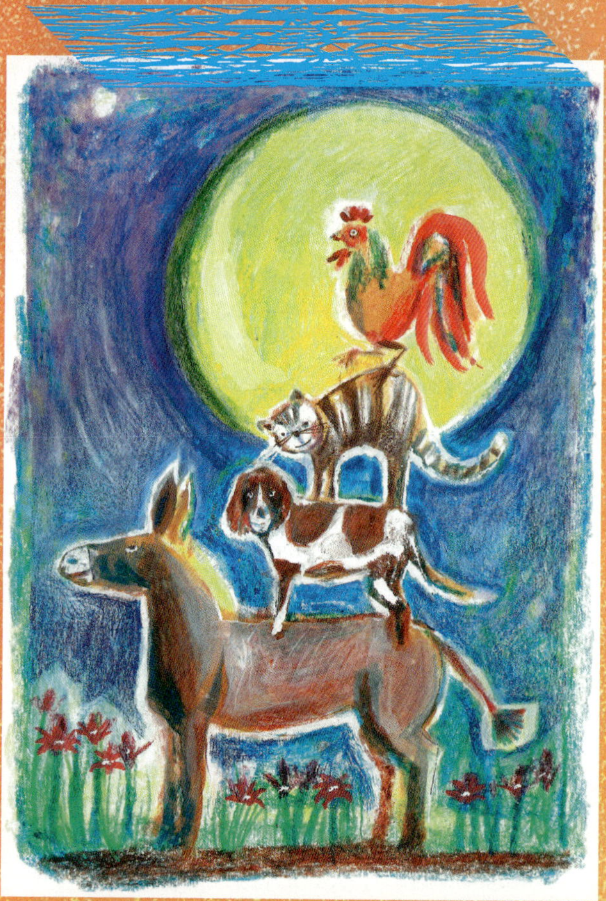

Es hatte ein Mann einen Esel, der schon lange Jahre die Säcke unverdrossen zur Mühle getragen hatte, dessen Kräfte aber nun zu Ende gingen, sodass er zur Arbeit immer untauglicher ward. Da dachte der Herr daran, ihn aus dem Futter zu schaffen, aber der Esel merkte, dass kein guter Wind wehte, lief fort und machte sich auf den Weg nach Bremen. Dort, meinte er, könnte er Stadtmusikant werden. Als er ein Weilchen fortgegangen war, fand er einen Jagdhund auf dem Wege liegen, der jappte wie einer, der sich müde gelaufen hat. „Nun, was jappst du so, Packan?", fragte der Esel. „Ach", sagte der Hund, „weil ich alt bin und jeden Tag schwächer werde, auch auf der Jagd nicht mehr fortkann, hat mich mein Herr wollen totschlagen, da hab´ ich Reißaus genommen; aber womit soll ich nun mein Brot verdienen?" – „Weißt du was", sprach der Esel, „ich gehe nach Bremen und werde dort Stadtmusikant, geh mit und lass dich auch bei der Musik annehmen. Ich spiel die Laute und du schlägst die Pauken." Der Hund war´s zufrieden, und sie gingen weiter.
Es dauerte nicht lange, so saß da eine Katze am Weg und machte ein Gesicht wie drei Tage Regenwetter. „Nun, was ist dir in die Quere gekommen, alter Bartputzer?", sprach der Esel. „Wer kann da lustig sein, wenn´s einem an den Kragen geht?", antwortete die Katze. „Weil ich nun zu Jahren komme und meine Zähne stumpf werden und ich lieber hinter dem Ofen sitze und spinne als nach Mäusen herumjage, hat mich meine Frau ersäufen wollen; ich habe mich zwar noch fortgemacht, aber nun ist guter Rat teuer: Wo soll ich hin?" – „Geh mit uns nach Bremen, du verstehst dich doch auf die Nachtmusik, da kannst du ein Stadtmusikant werden." Die Katze hielt das für gut und ging mit.
Darauf kamen die drei Landesflüchtigen an einem Hof vorbei, da saß auf dem Tor der Haushahn und schrie auf Leibeskräften. „Du schreist einem durch Mark und Bein", sprach der Esel, „was hast du vor?" – „Da hab´ ich gut Wetter prophezeit", sprach der Hahn, „aber weil morgen zum Sonntag Gäste kommen, so hat die Hausfrau doch kein Erbarmen und hat der Köchin gesagt, sie wollte mich morgen in der Suppe essen, und da soll ich mir heut Abend den Kopf abschneiden lassen. Nun schrei ich aus vollem Hals, solang ich noch kann." – „Ei was, du Rotkopf", sagte der Esel, „zieh lieber mit uns fort, wir gehen nach Bremen, etwas Besseres als den Tod findest du überall; du hast eine gute Stimme, und wenn wir zusammen musizieren, so muss es eine Art haben." Der Hahn ließ sich den Vorschlag gefallen, und sie gingen alle vier zusammen fort.
Sie konnten aber die Stadt Bremen in einem Tag nicht erreichen und kamen abends in einen Wald, wo sie übernachten wollten. Der Esel und der Hund legten sich unter einen großen Baum, die Katze und der

Hahn machten sich in die Äste; der Hahn aber flog bis in die Spitze, wo es am sichersten für ihn war. Ehe er einschlief, sah er sich noch einmal nach allen vier Winden um, da deuchte ihn, er sähe in der Ferne ein Fünkchen brennen, und er rief seinen Gesellen zu, es müsse gar nicht weit ein Haus sein, es scheine ein Licht.
Sprach der Esel: „So müssen wir uns aufmachen und noch hingehen, denn hier ist die Herberge schlecht." Der Hund meinte, ein paar Knochen und etwas Fleisch dran täten ihm auch gut. Also machten sie sich auf den Weg nach der Gegend, wo das Licht war, und sahen es bald heller schimmern, und es ward immer größer, bis sie vor ein hell erleuchtetes Räuberhaus kamen.
Der Esel, als der größte, näherte sich dem Fenster und schaute hinein. „Was siehst du, Grauschimmel?", fragte der Hahn. „Was ich sehe?", antwortete der Esel. „Einen gedeckten Tisch mit schönem Essen und Trinken, und Räuber sitzen daran und lassen sich´s wohl sein." – „Das wäre was für uns", sprach der Hahn. „ja, ja, ach, wären wir da!", sagte der Esel. Da ratschlagten die Tiere, wie sie es anfangen müssten, um die Räuber hinauszujagen, und fanden endlich ein Mittel.
Der Esel musste sich mit den Vorderfüßen auf das Fenster stellen, der Hund auf des Esels Rücken springen, die Katze auf den Hund klettern, und endlich flog der Hahn hinauf und setzte sich der Katze auf den Kopf. Wie das nun geschehen war, fingen sie auf ein Zeichen an, ihre Musik zu machen: Der Esel schrie, der Hund bellte, die Katze miaute, und der Hahn krähte; dann stürzten sie durch das Fenster in die Stube hinein, dass die Scheiben klirrten. Die Räuber fuhren bei dem entsetzlichen Geschrei in die Höhe, meinten nichts anders, als ein Gespenst käme herein, und flohen in größter Furcht in den Wald hinaus. Nun setzten sich die vier Gesellen an den Tisch, nahmen vorlieb, was übriggeblieben war und aßen, als wenn sie vier Wochen hungern sollten.
Wie die vier Spielleute fertig waren, löschten sie das Licht aus und suchten sich eine Schlafstätte, jeder nach seiner Natur und Bequemlichkeit: Der Esel legte sich auf den Mist, der Hund hinter die Tür, die Katze auf den Herd bei der warmen Asche, und der Hahn setzte sich auf den Hahnenbalken. Und weil sie müde waren von ihrem langen Weg, schliefen sie auch bald ein.
Als Mitternacht vorbei war und die Räuber von weitem sahen, dass kein Licht mehr im Haus brannte, auch alles ruhig schien, sprach der Hauptmann; „Wir hätten uns doch nicht ins Bockshorn jagen lassen sollen", und ließ einen hingehen und das Haus untersuchen.
Der Abgeschickte fand alles still, und ging in die Küche, ein Licht anzünden, und weil er die glühenden Augen der Katze für lebendige Kohlen ansah, hielt er ein Schwefelhölzchen daran, dass es Feuer

fangen sollte. Aber die Katze verstand kein Spaß, sprang ihm ins Gesicht, spie und kratzte. Da erschrak er gewaltig, lief und wollte zur Hintertüre hinaus, aber der Hund, der da lag, sprang auf und biss ihn ins Bein; und als er über den Hof am Mist vorbeirannte, gab ihm der Esel noch einen tüchtigen Schlag mit dem Hinterfuß; der Hahn aber, der vom Lärmen aus dem Schlag geweckt und munter geworden war, rief vom Balken herab: „Kikeriki!“

Da lief der Räuber, was er konnte, zu seinem Hauptmann zurück und sprach: „Ach, in dem Haus sitzt eine gräuliche Hexe, die hat mich angehaucht und mit ihren langen Fingern mir das Gesicht zerkratzt; und vor der Tür steht ein Mann mit einem Messer, der hat mich ins Bein gestochen; und auf dem Hof liegt ein schwarzes Ungetüm, das hat mit einer Holzkeule auf mich losgeschlagen; und oben auf dem Dache, da sitzt der Richter, der rief: „Bringt mir den Schelm her.“ Da machte ich, dass ich fortkam.“

Von nun an getrauten sich die Räuber nicht weiter in das Haus, den vier Musikanten gefiel´s aber so wohl darin, dass sie nicht wieder herauswollten. Und der das zuletzt erzählt hat, dem ist der Mund noch warm.

(Brüder Grimm: Kinder- und Hausmärchen KHM 27)

Charakteristika

 Alter: zwei bis vier Jahre bzw. fünf bis sechs Jahre

 Gruppengröße: vier bzw. bis zu sieben Kinder

 Dauer: 10–15 Minuten bzw. 30–40 Minuten

Förderschwerpunkt: Stärkung des Gemeinschaftsgefühls der Kinder untereinander

BEOBACHTUNGSBEISPIELE:

* *Die Kinder spielen im Außengelände. Lenny 3;2 Jahre und Sabina 4;6 Jahre stehen an einem alten Autoreifen. Lenny stellt den liegenden Reifen auf, den er nur wenig überragt. Sabina beobachtet ihn. Lenny steht rechts vom Reifen und schiebt ihn mit beiden Händen an. Der Reifen schlingert und fällt zu Boden. Lenny hebt den Reifen wieder auf und stellt ihn auf die Rollfläche. Er schaut Sabina an: „Zum Sandplatz?“ Sabina nickt. Sie steht hinter dem Reifen, Lenny rechts davon. Beide rollen den Reifen den Weg entlang zum Sandspielbereich. Dort bleibt der Reifen liegen. Beide Kinder bleiben stehen.*

B

Lenny: „Wollen wir weitermachen? Sabina, wollen wir weitermachen? Du rollerst so mit deiner Hand mit!" Sabina geht vom Reifen weg in Richtung Rutsche und klettert diese hoch. Lenny: „Sabina, koooomm!"

* *Immer wieder stehen mehrere Kinder am Gruppenraum-Fenster: Sie beobachten eine Katze, die draußen im Kindergartengelände zu sehen ist. Diese Katze kommt oft im Garten vorbei – auch wenn die Kinder draußen spielen. Regelmäßig unterhalten sich die Kinder über Katzen: Wie gut sie auf die Mauer klettert, wie weich das Fell ist, was Katzen fressen, dass sie nachts gut sehen können, und wer eine Katze zu Hause hat. Einige Kinder bringen auch Kuscheltierkatzen und Fotos von ihren Katzen mit.*
* *Die Vorbereitung zur Einschulung im Kindergarten XY läuft über ein gesamtes Kindergartenjahr und hat das Motto: „Wir sind auf dem Weg!" Die Kinder sollen in allen ihren Kompetenzen gefördert werden, und dafür sind die Vorschulkindergruppe mit zwei Erzieherinnen immer wieder unterwegs. Sie erforschen ihren Stadtteil auf vielfältige Weise: Sie besuchen sich gegenseitig zu Hause, suchen für sie wichtige Orte im Stadtteil auf, besuchen ihre zukünftige Schule und verfolgen alle diese Wege auf dem Stadtplan. „Wir sind der Meinung, dass Kinder unterwegs am meisten lernen. Sie lernen sich selbst und ihren Wohnort kennen. Sie unterstützen sich gegenseitig und lernen gemeinsam Aufgaben zu bewältigen. Dabei übernehmen sie Verantwortung für die Gruppe, müssen ein gemeinsames Tempo finden, sich gegenseitig helfen, Konflikte untereinander lösen, sie erforschen ihre Umgebung und lernen ganzheitlich." (Beispielkonzeption)*

Auswertung der Beobachtungen:

Die erste Beobachtung zeigt eine Spielsituation, in der Lenny und Sabina die Erfahrung machen, dass bestimmte Spielabläufe nur zusammen gelingen können. **Kooperation** ist eine wichtige und notwendige soziale Erfahrung: Zweckgerichtet (der Reifen soll zum Sandplatz gerollt werden) arbeiten die beiden Kinder zusammen, um das Ziel zu erreichen. Das selbstbestimmte Mitmachen bzw. sich für das eigene individuelle Spiel zu entscheiden, sind außerdem wichtige Gruppenerfahrungen.
Kinder zeigen einem Tier gegenüber besondere Zuneigung und fühlen sich zu „ihrem" Tier – hier, in diesem Beobachtungsbeispiel die „Katze" - besonders hingezogen. Gerade die Wahl eines Lieblingstieres kann einiges über das eigene Erleben des Kindes und über

seine eigene Befindlichkeit ausdrücken. Fühlt es sich eher von einem „wilden" Tier (z. B. Tiger, Löwen) angezogen, will es aus der Rolle des kleinen Kindes heraus und machtvoll auftreten. Sich mit einem kleinen Tier wie der Maus oder einem Eichhörnchen zu identifizieren, weist auf das Bedürfnis nach Umsorgt-werden und körperlicher Nähe hin. Mit einer Katze oder auch einem Hund kann das Kind, je nach Stimmung, beide Bedürfnisse ausleben.
Mit dem Übergang vom Kindergarten zur Grundschule müssen sich alle Erzieherinnen, Erzieher und Grundschullehrkräfte auseinandersetzen. Dabei gilt es auf die Verordnungen des jeweiligen Bundeslandes bzw. die Vorgaben des Trägers zu achten. Das in der Beobachtung aufgeführte Projekt der „Vorschulkinder" soll beispielhaft eine ganzheitlich-konzeptionelle Planung des Übergangs vom Kindergarten in die Grundschule in seiner Grundidee aufzeigen. Als schulfähig gelten Kinder, welche die von der Schule erwarteten Eigenschaften und Fähigkeiten mitbringen. Eine Grundannahme ist dabei, dass die Entwicklung der Grob- und Feinmotorik, der Sprache, der Merkfähigkeit, des Spiel- und Sozialverhaltens, der Konzentration und Ausdauer, der Emotionalität und des Selbstvertrauens eng mit einer intakten Wahrnehmung und der Verarbeitung von Sinneseindrücken zusammenhängt. Gerade diese Zusammenhänge lassen sich in der Erkundung der Lernorte außerhalb der Kita vielfältig fördern. Die Kinder lernen bei alltagspraktischen Tätigkeiten in einer Gruppe zu arbeiten. Sie schulen ihre kognitive Abstraktionsfähigkeit, indem sie alle Projektschritte dokumentieren und Wege auf dem Stadtplan nachvollziehen können. Das Märchen „Die Bremer Stadtmusikanten" kann die Kinder für diesen Weg emotional stärken, ihnen Mut machen, dass sie es gemeinsam schaffen werden und doch jeder seine eigenen Stärken erkennen und weiter fördern soll.

Didaktische Überlegungen

Märchenauswahl und Märchenanalyse

„Die Bremer Stadtmusikanten" ist eines der bekanntesten Tiermärchen der Brüder Grimm; es gehört zu der Untergattung der Schwankmärchen. Ein Schwankmärchen erzählt über eine komische Begebenheit mit dem häufig auftretenden Handlungsmuster, dass ein (oder mehrere) Gewitzter einen oder mehrere andere überlistet (vgl. www.maerchenatlas.de). Das Reihenmärchen hat eine klar überschaubare aneinandergereihte Handlungsstruktur, keine Formeln – aber einen für Schwankmärchen typischen Sprachgebrauch wie: „Bartputzer", „Packan", „gräuliche Katze", „schreit durch Mark und Bein" oder

„Bringt mir den Schelm". Die extrem klingenden Wörter „totschlagen" oder „Kopf abschneiden" werden nicht ausgeschmückt, sondern verdeutlichen sprachlich die ausweglose Situation der Tiere. Jedes der Stadtmusikanten-Tiere hat eine andere, individuelle Beeinträchtigung und kann nicht mehr in seinem bisherigen Umfeld bleiben. Sie sind unsicher (Hund: „Womit soll ich mein Brot verdienen?"), ausgeliefert (Katze: „Wo soll ich hin?") und ängstlich (Hahn: „Nun schrei ich aus vollem Hals, solange ich noch kann!").
Jeder ist in dieser neuen Gruppe willkommen – eine wichtige Voraussetzung für den Start eines guten Gruppenprozesses. Die Idee eines gemeinsamen Ziels – Musikant in Bremen zu werden – motiviert die Tiere, sich zusammenzufinden und Hoffnung auf ein gemeinsames besseres Leben zu entwickeln. Dennoch überlegt jedes Tier für sich, ob diese Idee wirklich so gut für es ist. Es nimmt damit sein eigenes Schicksal in die Hand und wird aktiv.
Jedes einzelne Tier bringt sich mit seinen Talenten und Stärken in die Gemeinschaft ein: Der Esel spielt die Laute; der Hund die Pauken; die Katze versteht sich auf Nachtmusik und der Hahn schreit, dass es einem durch Mark und Bein fährt. Die Mitglieder dieser ungewöhnlichen Gruppe mit ihren unterschiedlichen Charakteren würden sich normalerweise aus dem Weg gehen. Doch hier gibt die gemeinsame Motivation, etwas am bisherigen Leben zu ändern, den Mut, sich gemeinsam auf den Weg zu machen. Symbolhaft gehen die Tiere in den Wald, der gleichgesetzt werden kann mit dem Weg in die seelische Innenwelt. Im Laufe des Märchens treten die einzelnen Fähigkeiten der Tiere deutlicher zu Tage. Sie akzeptieren sich so, wie sie sind, und erwarten kein anderes oder ein gemeinsam gleiches Verhalten vom anderen. Diese gegenseitige Anerkennung und Akzeptanz macht sie stark!
Das gemeinsame Ziel verändert sich aufgrund der neuen Situation: Die Räuber sollen verjagt werden, denn „die Herberge ist hier schlecht." Sie begutachten die neue Situation und beratschlagen sich. Die Kommunikation untereinander funktioniert, und eine gemeinsame Lösung für das Problem „Räuber" wird auch gefunden: Sie machen gemeinsam Musik. Jedes Tier bringt dafür seine individuellen Fähigkeiten für den erfolgreichen Gruppenauftritt ein: „Der Esel musste sich mit den Vorderfüßen auf das Fenster stellen, der Hund auf des Esels Rücken springen, die Katze auf den Hund klettern, und endlich flog der Hahn hinauf und setzte sich der Katze auf den Kopf. Wie das nun geschehen war, fingen sie auf ein Zeichen an, ihre Musik zu machen: der Esel schrie, der Hund bellte, die Katze miaute und der Hahn krähte; dann stürzten sie durch das Fenster in die Stube hinein, dass die Scheiben klirrten."

Die Gruppe hat als Team eine enorme Kraft, sodass die Tiere die kampferprobten Räuber in die Flucht schlagen können. Sie erfahren damit, dass sie nur gemeinsam etwas erreichen können, was ein Tier alleine nicht schaffen würde – und das feiern sie mit dem Festessen im eroberten Räuberhaus.
Nach dem Essen sucht jedes Tier „nach seiner Natur und Bequemlichkeit" sein Schlaflager. Diesmal ohne sich lange abzusprechen, denn jetzt sind die Rollen klar und es gibt ein blindes Verständnis untereinander. Somit sind sie gut gerüstet für das letzte Ziel: einen sicheren Ort für einen ruhigen Lebensabend zu finden. Und das gelingt ihnen in einer perfekten Zusammenarbeit – ohne lange Diskussionen und Absprachen. In der Situation, in der ein Räuber nochmals zum Räuberhaus zurückkommt, wachsen die Tiere über sich hinaus und werden völlig anders wahrgenommen: Die Katze wird eine gräuliche Hexe, der Hund ein Mann mit einem Messer, der Esel ein schwarzes Ungetüm und der Hahn ist der Richter! Das Ziel ist erreicht, und „den vier Musikanten gefiel's aber so wohl darin, dass sie nicht wieder herauswollten."

Förderung der Kinder durch den Einsatz des Märchens – Entwicklungsbereiche

Kinder können durch dieses Märchen Mut bekommen, sich in einer Gruppe einzubringen, ihre Rolle zu finden und Teil einer Gruppe zu werden. Dabei machen sie mit den Märchenfiguren stellvertretend Erfahrungen der Zugehörigkeit, Anerkennung, der Sicherheit und Geborgenheit. Zudem erleben die Kinder im Märchen projiziert, dass sie in einer Gemeinschaft positive Beziehungserfahrungen machen können, auch wenn sie schon selbst einmal unsichere oder schlechte Erfahrungen erlebt haben. Sie gewinnen wieder Vertrauen in ein **soziales Miteinander**.
Die vier Tiere im Märchen schließen Freundschaft – ein wichtiges Thema auch für Kinder. Welche Bedeutung haben Freundschaften für Kinder? Wenn Kinder in einer Gruppe Kontakte knüpfen, sich akzeptiert und angenommen fühlen, entwickeln sie die Fähigkeit, sich in eine Gruppe zu integrieren.

„Gemeinschaftsfähig zu werden bedeutet, sich zugehörig fühlen zu können, bereit und imstande sein, das soziale Miteinander zu gestalten und Verantwortung zu übernehmen. Es schließt die Fähigkeit zur Anerkennung von Verschiedenheit und die Fähigkeit zu einem anerkennenden Umgang mit Verschiedenheit ein."
(Orientierungsplan Baden-Württemberg, Punkt 1)

In Kinderfreundschaften werden soziale Fähigkeiten wie Durchsetzungsvermögen, Kompromissbereitschaft, Toleranz und Akzeptanz sowie Konfliktlösungsstrategien gefördert. Sie machen die Erfahrung: „Wenn andere mir vertrauen, kann ich mir selbst auch mehr zutrauen", wodurch das Selbstvertrauen weiter gestärkt wird. Die freie ungehinderte **Kommunikation** der Kinder untereinander, d.h. der Austausch von Gedanken, Erfahrungen, Ideen, weckt soziale Gefühle und fördert die Fähigkeit, sich auf seine Mitmenschen empathisch einzustellen. Diese offene Kommunikation erleben die Kinder im Märchen stellvertretend durch das akzeptierende Miteinander der Tiere. Sie fühlen mit den Tieren mit (**soziale Gefühle/ Empathie**): in ihrer Hoffnungslosigkeit und Sich-etwas-Trauen in der Ausgangssituation; dem Mut im gemeinsamen Aufbruch in ein neues Leben; ihrem Durchsetzungsvermögen im Kampf um das Räuberhaus, dem Triumph und Stolz in der Eroberung desselben und in dem Gefühl, eine gute, glückliche Lebenssituation gewählt zu haben.
Die Dialoge der Tiere werden durch die methodischen Schritte der Märchendarbietung für die Vorschulkinder (5–6 Jahre) in den Fokus gerückt: Die Kinder sollen erraten, wer was gesprochen hat. Dadurch werden Satzmuster, Sprachmelodie und spezieller Wortschatz vertieft und die **Sprachentwicklung** gefördert. Überhaupt regt das Märchen zum Gespräch und zum Austausch an: Was hätte ich anstelle der Tiere getan? Oder anstelle der Räuber? Auch die **Konzentration und Merkfähigkeit** werden geübt, denn die Kinder folgen der Märchenerzählung aufmerksam und erleben den Handlungsverlauf durch Anschauung sinnlich mit.

4.1 Einführung des Märchens für Kinder unter drei Jahren

Methodische Überlegungen

Der dialogreiche, schwankhafte Originalmärchentext der Brüder Grimm ist für Kinder unter drei Jahren wenig geeignet. Deshalb wählen wir für diese Altersgruppe den geänderten Märchentext, bearbeitet von Simone Klement, aus.

Märchentext	**Bild**
Es waren einmal ein alter Esel, ein alter Hund, eine alte Katze und ein alter Hahn. Sie wurden von ihren Herren vom Hof gejagt, weil sie schon so alt waren. Die Tiere waren traurig darüber. Sie machten sich aber gemeinsam auf den Weg nach Bremen. Dort wollten sie Stadtmusikanten werden, denn ihre Stimmen waren gut. Der Weg nach Bremen war weit und so suchten sie im Wald einen Platz zum Übernachten.	*Bild 1* 
Im Wald entdeckten sie ein Häuschen. Im Häuschen brannte Licht. Der Esel war am größten und so schaute er zum Fenster ins Haus hinein. Räuber saßen dort um einen Tisch mit vielen köstlichen Speisen und ließen es sich gut gehen. Der Esel, der Hund, die Katze und der Hahn hatten auch Hunger. Sie überlegten, wie sie die Räuber vertreiben könnten.	*Bild 2* 
Schnell hatten die vier Tiere einen Plan: Der Esel stellte sich mit den Vorderhufen auf das Fensterbrett. Der Hund sprang auf den Rücken des Esels. Die Katze sprang auf den Hund und der Hahn setzte sich auf die Katze. Gemeinsam fingen sie an zu schreien, so laut sie konnten:	*Bild 3* 

Märchentext	Bild
„Iah, iah! - Wuff, wuff! – Miau, miau! – Kikeriki, kikeriki!“ Dann sprangen sie mit einem Satz durch das Fenster ins Haus hinein. Die Räuber bekamen einen riesigen Schreck! Schnell liefen sie weg und in den Wald davon.	
Der Esel, der Hund, die Katze und der Hahn setzten sich an den Tisch. Sie aßen die köstlichen Speisen, bis sie satt waren. Die vier Tiere waren müde und so suchten sie sich im Haus einen Platz zum Schlafen. Erschöpft, aber zufrieden schliefen alle ein.	*Bild 4* 
Die Räuber im Wald sahen, dass nun kein Licht mehr im Haus brannte. Einer der Räuber schlich ins Haus. Er wollte nachsehen, ob noch jemand da war. Da sprang ihm die Katze ins Gesicht. Der Hund biss dem Räuber ins Bein. Der Esel gab ihm einen Tritt und der Hahn schrie laut: „Kikeriki!“ Der Räuber erschrak sehr und lief hinaus zu den anderen Räubern. Er erzählte den anderen Räubern, dass er im Haus von Ungeheuern angegriffen wurde.	

Märchentext	Bild
Die Räuber trauten sich nie mehr zum Haus zurück. Dem Esel, dem Hund, der Katze und dem Hahn gefiel es im Räuberhaus sehr gut. Sie beschlossen, für immer dort zu bleiben und es sich gut gehen zu lassen.	*Bild 5* 

(Klement/Bohnstedt, 2019)

Materialliste:

* Tücher für Häuser
* Seile für den Weg
* Tücher für Bäume/Wald
* Alle Bremer Stadtmusikanten als Kuscheltiere: Esel, Hund, Katze, Hahn
* Sechs Bildkarten zum Märchen
* Tee/Wasser, Becher, Apfelstücke
* Vier Sitzkissen um das Räuberhaus plus ein Sitzkissen für die Erzieherin

Vorbereitung zum Märchen erzählen:

„Die Bremer Stadtmusikanten“ ist in der Originalversion der Brüder Grimm für Kinder unter drei Jahren wenig geeignet. Der Inhalt des Märchens ist jedoch aus mehrerlei Gründen gerade für die Altersgruppe zwei bis drei Jahre sinnvoll:

- Das Thema „Fortgehen/Ablösen von zu Hause“ ist aus dem Erfahrungsbereich der Kinder.
- Die Kernaussage des Märchens bezüglich der Gemeinschaftserfahrung entspricht auch den ersten Gruppenerfahrungen der Krippenkinder.
- Die Tiere im Märchen sind den meisten Kindern dieser Altersgruppe schon bekannt.

Der bearbeitete Märchentext von Simone Klement besticht durch einen einfachen Wortschatz, kurze Sätze und ist dennoch recht nah am Originaltext. Wenn möglich, sollte das Märchen auswendig gelernt werden, da gerade der Blickkontakt und die Interaktion bei den jungen Kindern enorm wichtig ist. Zudem können die sechs Bilder das Erzählen unterstützen – und ein „Spickzettel“ mit dem Märchentext kann auch noch zusätzlich Sicherheit vermitteln. Die Kinder können auf den Bildern schon viel von der Handlung entdecken und benennen. Auch das sollte mit in die Märchendarbietung einbezogen werden.

Geplanter Ablauf:

Die Erzieherin sammelt vier Kinder ein und fährt mit dem „Märchenzug“ (siehe S. 25) zum Raum, in dem die Märchenerzählung stattfinden soll. Sie betrachtet zu Beginn mit den Kindern die aufgebaute Märchenumgebung. Dann erzählt sie den ersten Satz des Märchens und lässt dabei die Kinder die Tiere einsammeln (jeweils ein Kind ein Tier). Die Kinder können das gesamte Märchen über das Tier in den Händen halten. Dann legt sie das erste Bild auf den Boden und lässt die Kinder das Bild betrachten. Sie erzählt den Text zu Bild 1 zu Ende. Dann setzen sich alle um das größere Räuberhaus auf vorbereitete Sitzkissen.

Die Erzieherin legt Bild 2 in das Räuberhaus und lässt die Kinder das Bild betrachten. Vielleicht kommen spontane Äußerungen, oder die Erzieherin stellt Leitfragen: „Was seht ihr? Was machen die Männer? Was sind das wohl für Männer?“ Dann erzählt die Erzieherin den Märchentext zu Bild 2 fertig, macht anschließend eine Pause und fragt: „Wie die Tiere wohl die Räuber vertreiben könnten?“ Sie wiederholt alle Antworten und lässt sie ohne Bewertung stehen.

Dann legt sie Bild 3 auf und lässt die Kinder es betrachten – hier ist die Lösung der Fragestellung bildlich dargestellt: „Was haben sich die Tiere überlegt?" Nun erzählt die Erzieherin den Märchentext zu Bild 3 weiter und lässt die Kinder in die Tiergeräusche mit einstimmen, sodass auch sie die „Lautstärke" der Tiere nacherleben können. Nach dem fertig erzählten Märchentext von Bild 3 kann die Erzieherin fragen: „Was machen die Tiere jetzt in dem Haus?" Die Kinder können wieder mitdenken und selbst überlegen.

Im Bild 4 ist die „Auflösung" zu sehen, die im erzählten Märchentext erläutert wird. Der zu Bild 5 gehörende Märchentext wird ohne Bild erzählt; erst bei der Textstelle „Der Räuber erschrak sehr und lief hinaus zu den anderen Räubern", dreht die Erzieherin das Bild um und lässt es auf die Kinder wirken.

Dann zeigt sie Bild 6 und erzählt das Märchen mit dem restlichen Märchentext zu Ende. Danach ist eine Pause wichtig, in der das „Erzählte und Erlebte" auf die Kinder wirken kann.
Die Erzieherin greift den letzten Satz des Märchens auf und wiederholt ihn („Sie beschlossen, für immer dort zu bleiben und es sich gut gehen zu lassen") und schlägt vor, dass die Kindergruppe es sich jetzt auch gut gehen lässt: Sie hat Wasser/Tee dabei und kleine Apfelstücke, mit denen sich jedes Kind stärken kann. In dieser gemeinschaftlichen Esssituation kann nochmals über das Märchen, die Tiere, die Räuber gesprochen werden. Dann werden die Kuscheltiere in das Räuberhaus gelegt und die Kinder verlassen gemeinsam den Raum.

Offene Planungen zu weiteren Projektimpulsen

4.2 Märchenerzählsäckchen „Die Bremer Stadtmusikanten"

WAS?
Ein Stoffsäckchen wird mit den passenden Figuren und Requisiten zum Märchen „Die Bremer Stadtmusikanten" ausgestattet (s. Seite 128). Im Morgenkreis/Stuhlkreis wird das Märchen mithilfe der Figuren wiederholt erzählt und aufgebaut. Lieder zum Märchen können als weitere Märchenvertiefung eingeführt und gesungen werden. Dabei können auch die Märchenfiguren aus dem Stoffsäckchen zum Lied aufgebaut werden. Als Liedbeispiel wird das Lied „Wir sind die Bremer Stadtmusikanten holla-di-ladio" von Simone Sommerland aus ihrer CD „Die 30 besten Märchenlieder" ausgewählt.

„Wir sind die Bremer Stadtmusikanten holla-di-ladio“

Wir sind die Bremer Stadtmusikanten – holla-di-ladio.
Wir sind die Bremer Stadtmusikanten – holla-di-ladio.
Der Esel macht I-Ah, I-Ah.
Er singt so wunderbar.
Wir sind die Bremer Stadtmusikanten – holla-di-ladio.

Wir sind die Bremer Stadtmusikanten – holla-di-ladio.
Wir sind die Bremer Stadtmusikanten – holla-di-ladio.
Der Hund, der mach Wau-Wau, Wau-Wau.
Der Esel macht I-Ah, I-Ah.
Sie singen so wunderbar.
Wir sind die Bremer Stadtmusikanten – holla-di-ladio.

Wir sind die Bremer Stadtmusikanten – holla-di-ladio.
Wir sind die Bremer Stadtmusikanten – holla-di-ladio.
Die Katze macht Miau, Miau.
Der Hund, der macht Wau-Wau, Wau-Wau.
Der Esel macht I-Ah, I-Ah.
Sie singen so wunderbar.
Wir sind die Bremer Stadtmusikanten – holla-di-ladio.

Wir sind die Bremer Stadtmusikanten – holla-di-ladio.
Wir sind die Bremer Stadtmusikanten – holla-di-ladio.
Der Hahn macht Kikeriki, Kikeriki.
Die Katze macht Miau, Miau.
Der Hund, der macht Wau-Wau, Wau-Wau.
Der Esel macht I-Ah, I-Ah.
Sie singen so wunderbar.
Wir sind die Bremer Stadtmusikanten – holla-di-ladio.“

(Wir sind die Bremer Stadtmusikanten Text: Schürjann, Markus / MS URMEL / Moskanne, Dieter; © Rechte bei den Urhebern)

WARUM?

Ein einmaliges Märchenerleben ist für die Kinder – gerade unter drei Jahren – eine kognitive und emotionale Herausforderung:

* Einzelne Märchenfiguren oder Märchenszenen fordern die Kinder emotional heraus,
* die Wörter des Märchens und die Sprachmelodie müssen kognitiv erfasst werden,

* die gesamte Handlung des Märchens muss in ihrem Ablauf verstanden werden.
* Das Erzählumfeld und die Atmosphäre sind oftmals für die Kinder ein emotional nahes und ungewohntes Erleben.

Damit sich das Märchenerleben festigen und vertiefen kann, ist es so wichtig, dass Märchen wiederholt erzählt werden.

„Wir verwenden dabei immer den gleichen Ablauf und Wortlaut und weichen nicht davon ab. Durch die ständigen Wiederholungen wächst die Sicherheit und dadurch die Freude der Kinder. Jedes Kind kann sich nach eigenem Rhythmus immer mehr einbringen und das neu Erlernte erweitern. Kinder lernen durch Wiederholung, Wiederholung, Wiederholung – auch wenn dies für uns Erwachsene oft schwer auszuhalten ist. Von Mal zu Mal kommt es dabei zu neuen und weiteren Erfolgserlebnissen, das Selbstvertrauen wächst und die Synapsen im Gehirn werden immer intensiver miteinander verschaltet. Nicht selten kennen die Kinder die Texte bald auswendig und spielen diese dann nach“. *(Groß, 2018, S. 7)*

Das Märchen in Verbindung mit den Figuren und Requisiten machen die Inhalte für die Kinder lebendig. Durch das parallel gehaltene Erzählen und Vorspielen können die Kinder den Inhalt und den Handlungsverlauf leichter verstehen. Die Märchenlieder verbinden dann Handlung, Text und Melodie. Hierbei werden die Kinder noch ganzheitlicher angesprochen.

WIE?

Materialliste:

* Einfarbiges Tuch als Spielfläche,
* Bremer Stadtmusikanten – Stoffsäckchen (dazu gibt es viele Nähvorlagen im Internet. Es ist auch möglich, eine kleine Stofftasche mit dem passenden Motiv zu gestalten (aufbügeln oder mit Stoffmalstiften aufmalen),
* für Kinderhände geeignete Holzfiguren: Esel, Hund, Katze, Hahn – die am besten aufeinander stapelbar sind,
* Requisiten: verschiedene Holzbäume oder Tannenzapfen und ein Holzhäuschen. Auf die Größe achten, damit die Holzteile von den Kindern nicht verschluckt werden können.

Märchentext	Die Fotos dienen als Anregung, wie Sie das Märchen mit einem Märchenerzählsäckchen gestalten können.
Der gleiche bearbeitete Märchentext von Simone Klement wie bei der Märcheneinführung	
Es waren einmal ein alter Esel, ein alter Hund, eine alte Katze und ein alter Hahn. Sie wurden von ihren Herren vom Hof gejagt, weil sie schon so alt waren. Die Tiere waren traurig darüber. Sie machten sich aber gemeinsam auf den Weg nach Bremen. Dort wollten sie Stadtmusikanten werden, denn ihre Stimmen waren gut. Der Weg nach Bremen war weit, und so suchten sie im Wald einen Platz zum Übernachten.	Die vier Tiere (Esel, Hund, Katze, Hahn) gehen in den Wald. 
Im Wald entdeckten sie ein Häuschen. Im Häuschen brannte Licht. Der Esel war am größten, und so schaute er zum Fenster ins Haus hinein. Räuber saßen dort um einen Tisch mit vielen köstlichen Speisen und ließen es sich gut gehen. Der Esel, der Hund, die Katze und der Hahn hatten auch Hunger. Sie überlegten, wie sie die Räuber vertreiben könnten.	Häuschen wird aufgestellt. Der Esel schaut durch ein Fenster ins Haus. 

Märchentext	**Beispielfotos**
Schnell hatten die vier Tiere einen Plan: Der Esel stellte sich mit den Vorderhufen auf das Fensterbrett. Der Hund sprang auf den Rücken des Esels. Die Katze sprang auf den Hund und der Hahn setzte sich auf die Katze. Gemeinsam fingen sie an zu schreien, so laut sie konnten: „Iah, iah! – Wuff, wuff! – Miau, miau! – Kikeriki, kikeriki!“ Dann sprangen sie mit einem Satz durch das Fenster ins Haus hinein. Die Räuber bekamen einen riesigen Schreck! Schnell liefen sie weg und in den Wald davon.	Esel vor dem großen Fenster, auf dem Rücken des Esels der Hund, auf den Rücken des Hundes die Katze und auf den Rücken der Katze der Hahn. 
Der Esel, der Hund, die Katze und der Hahn setzten sich an den Tisch. Sie aßen die köstlichen Speisen, bis sie satt waren. Die vier Tiere waren müde und so suchten sie sich im Haus einen Platz zum Schlafen. Erschöpft, aber zufrieden schliefen alle ein.	Die vier Tiere stehen um das Haus. Die Figuren werden hingelegt. 

Märchentext	Beispielfotos
Die Räuber im Wald sahen, dass nun kein Licht mehr im Haus brannte. Einer der Räuber schlich ins Haus. Er wollte nachsehen, ob noch jemand da war. Da sprang ihm die Katze ins Gesicht, der Hund biss dem Räuber ins Bein. Der Esel gab ihm einen Tritt und der Hahn schrie laut: „Kikeriki!“ Der Räuber erschrak sehr und lief hinaus zu den anderen Räubern. Er erzählte den anderen Räubern, dass er im Haus von Ungeheuern angegriffen wurde.	Die Tierfiguren werden der Reihe nach wieder aufgestellt – um das Haus gruppiert. 
Die Räuber trauten sich nie mehr zum Haus zurück. Dem Esel, dem Hund, der Katze und dem Hahn gefiel es im Räuberhaus sehr gut. Sie beschlossen für immer dort zu bleiben und es sich gut gehen zu lassen.	Abschlussbild 
Märchenlied als Abschluss singen	Holzfiguren zum Liedtext zeigen und als gemeinsame Figur aufbauen

4.3 Falten und Gestalten – Mein Haus

WAS?

In den „Die Bremer Stadtmusikanten“ steht das von den Tieren eroberte Räuberhaus als der erstrebenswerte Lebensort und Höhepunkt am befriedigenden Ende des Märchens. Dies soll nun durch das folgende Angebot vertieft werden. Das eigene Haus soll mittels einfacher Schritte aus einem weißen DIN-A4-Papier gefaltet werden. Es dient als Grundlage für die weitere Ausgestaltung durch Fingerfarben, Collagen aus Katalogen, eigene Fotos. Ein individuell gestaltetes „eigenes“ Haus des Kindes soll dabei entstehen. Dabei geht es nicht um eine realistische Abbildung, sondern darum, dem inneren Bild eines Kindes vom eigenen Haus einen Ausdruck zu ermöglichen. Die Erzieherin kann den Entstehungsprozess und das Gespräch mit dem Kind in seinem Portfolio dokumentieren.

WARUM?

Das „eigene“ Haus hat eine wichtige emotionale Symbolkraft für die Kinder. Mit ihm verbinden sie Geborgenheit, Zugehörigkeit sowie Schutz, Sicherheit und Rückzug. Im eigenen Zuhause hat das Kind einen Raum und Platz, sich zu entfalten – es selbst zu werden.
Ein Haus kann aber auch einengen oder man kann sich abkapseln.
Die Gestaltung des Hauses ergibt Rückschlüsse über das momentane Erleben, über Wünsche und Bedürfnisse des Kindes:

* Brauche ich eine Tür oder Fenster? Also eine Verbindung nach außen?
* Wohne ich alleine im Haus oder wie sehe ich meine Beziehungen? Wer ist mir gerade wichtig?
* Schmücke ich mein Haus? Oder lasse ich vieles frei?
* Klebe ich mich (bzw. mein Foto) innen ins Haus – oder außen?
* Was erzähle ich über mein gestaltetes Haus bzw. während des Gestaltens? Was lasse ich momentan für sich stehen?

Für die Umsetzung der kreativen Ideen ist die Feinmotorik notwendig, die hier sehr gefordert und gefördert wird: Auge-Hand-Koordination, behutsamer Umgang mit dem Material, dosierter Krafteinsatz beim Falzen der Faltung, Geschicklichkeit der Finger, Schneiden, Kleben – und vieles mehr. In einer Kleingruppensituation (zwei Kinder) können intensive Gespräche entstehen: Kinder wollen sich mitteilen – von sich selbst erzählen und die Bezugserzieherin am eigenen Erleben teilhaben lassen. Dadurch kann diese die Beziehung zum Kind vertiefen und festigen.

WIE?

Die Erzieherin richtet für maximal zwei Kinder folgende Materialien: Weißes Papier in DIN A4, Farben (Holzstifte, Wachsmalkreide, Fingerfarben), Kleister, Scheren, Kataloge/Zeitschriften, Fotos der Kinder, evtl. Fotos der Familie

Die Erzieherin gestaltet ein Anschauungshaus von sich selbst: Sie lässt die Kinder die vorbereiteten Materialien anschauen und begleitet dies verbal. Dann zeigt sie ihr Anschauungshaus und fragt nach, ob die Kinder ihr eigenes Haus gestalten möchten.

Zuerst wird das Haus gefaltet:

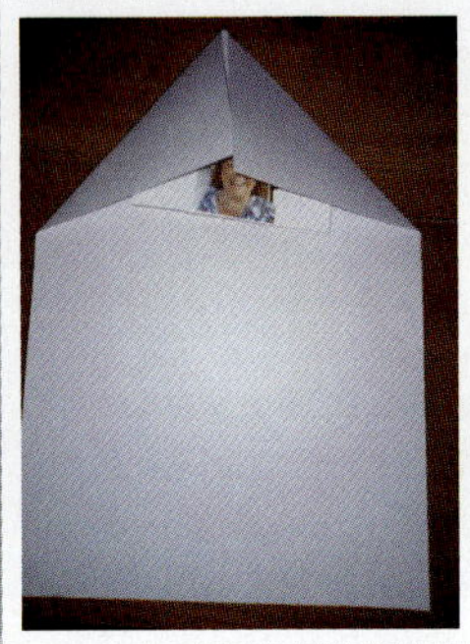

Die Erzieherin gestaltet ein Anschauungshaus

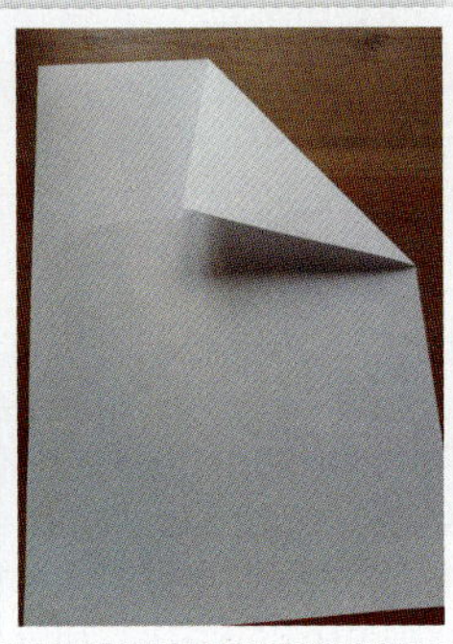

Die erste Ecke des Papiers wird frei eingefaltet

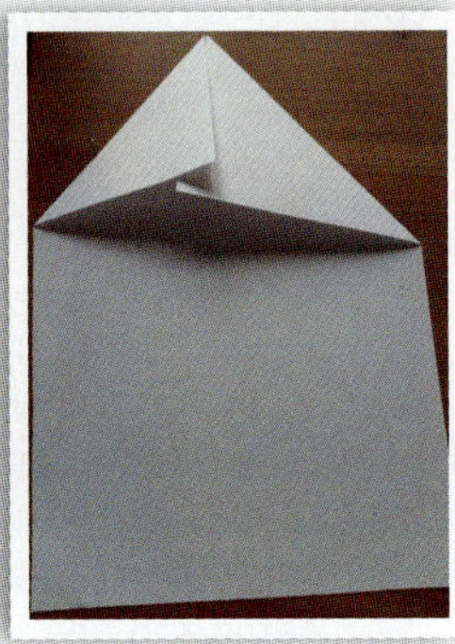

Die zweite Ecke wird frei eingefaltet

Nun kann das Häuschen von den Kindern mit den verschiedenen Materialien individuell gestaltet werden: Es kann mit den verschiedenen Farben angemalt werden, eigene Familienfotos können aufgeklebt oder eingeklebt werden, Menschen- oder Tierdarstellungen aus Zeitschriften können ausgeschnitten oder ausgerissen und aufgeklebt werden. Die Erzieherin begleitet die Kinder in einer aufmerksamen verbalen oder nonverbalen Weise, bei der sie Nähe oder Distanz zum kreativ gestaltenden Kind herstellt. Dabei kann sie die Vorgehensweise des Kindes notieren und/oder fotografieren und zum Portfolio hinzufügen. Zum Abschluss wird das Haus gemeinsam mit dem jeweiligen Kind aufgehängt.

4.4 Wir spielen und bewegen uns wie die Bremer Stadtmusikanten

WAS?

Mit vier bis sechs Kindern wird das Märchenlied „Wir sind die Bremer Stadtmusikanten holla-di-ladio" (Text siehe S. 126) im Bewegungsraum in Spiel und Bewegung umgesetzt. Zum Abschluss wird ein gemeinsames großes Haus aus Tüchern gebaut und die „Tiere" lassen es sich bei Wasser/Tee und Apfelstückchen gut gehen.

WARUM?

Als Vertiefung und zur weiteren Identifikation mit den Tieren bietet sich das ganzheitliche bewegungsbetonte Spielerleben des Liedes an. Die Kinder können auf diese Weise ganz intensiv in die Rolle der Tiere schlüpfen. Unterstützt werden sie dabei durch die Tierkarten, die sie sich umhängen.

Das gemeinsame Bewegen und Singen gibt den Kindern die Möglichkeit sich in einer Gruppe zu erleben und stärkt ihr Gruppengefühl:

* Die Einordnung des einzelnen in eine Gruppe (sich als Teil der Gruppe angesprochen fühlen),
* die Anpassung an die Gruppe (Tempo der Bewegung, Bewegungsart, Liedtext),
* die gemeinsame Freude am Miteinander,
* das gemeinsame Beginnen und Beenden der Bewegung lässt das Kind seine Gruppenteilnahme direkt spüren,
* das gemütliche Miteinander zum Abschluss lässt die Kinder ruhig werden und körperliche Nähe spüren.

WIE?

Material:

* Sitzmatten und dreieckige „Dächer" aus Karton als Häuser in der Anzahl der Kinder,
* Tücher oder Decken für die Gestaltung des gemeinsamen Hauses,
* laminierte Fotos der Kuscheltiere, deren Ecken abgerundet und mit einem Band umgehängt werden können, damit die Kinder sich leichter in die jeweilige Rolle versetzen können (pro Kuscheltier die Anzahl der Kinder + Erzieher/Erzieherin),

B

* vier Körbchen oder Schälchen für die Fotos,
* Tee/Wasser und Becher,
* geschnittene Apfelstücke

Ablaufplanung:

Die Kinder treffen sich mit der Erzieherin im vorbereiteten Bewegungsraum und setzen sich auf ihr „Häuschen". Sie betrachten die Kuscheltiere und die laminierten Fotos, die man umhängen kann. Die Erzieherin kündigt an: „Heute wollen die Bremer Stadtmusikanten sich bewegen und singen!" Begonnen wird mit dem Esel – jedes Kind und die Erzieherin hängt sich das Foto des Esels um. Dann wird um die Mitte des Raumes gelaufen und dabei folgendes gesungen:

1. Strophe – erste Spiel- und Bewegungseinheit
   „Wir sind die Bremer Stadtmusikanten holla-di-ladio, wir sind die Bremer Stadtmusikanten holla-di-ladio, der Esel macht I-Ah, I-Ah, er singt so wunderbar, wir sind die Bremer Stadtmusikanten – holla-di-ladio." Während des Singens laufen oder traben die Kinder im Raum oder um die Mitte herum und kommen zum Ende der Strophe wieder bei ihrem Häuschen an. Nun wird das nächste Foto umgehängt – der Hund:
2. Strophe – Spiel- und Bewegungseinheit
   „Wir sind die Bremer Stadtmusikanten – holla-di-ladio, wir sind die Bremer Stadtmusikanten – holla-di-ladio, der Hund, der macht Wau-wau, Wau-wau, er singt so wunderbar, wir sind die Bremer Stadtmusikanten – holla-di-ladio." Während des Singens krabbeln die Kinder auf allen Vieren oder laufen im Raum herum und kommen am Ende der Strophe wieder bei ihrem Häuschen an. Nun wird das nächste Foto umgehängt – die Katze:
3. Strophe – Spiel- und Bewegungseinheit:
   „Wir sind die Bremer Stadtmusikanten holla-di-ladio, wir sind die Bremer Stadtmusikanten holla-di-ladio, die Katze macht Miau-Miau, sie singt so wunderbar, wir sind die Bremer Stadtmusikanten – holla-di-ladio." Während des Singens bewegen sich alle wie eine Katze – sie schleichen oder rennen im Raum herum und kommen am Ende wieder bei ihrem Häuschen an. Nun folgt das nächste Foto – der Hahn:
4. Strophe – Spiel- und Bewegungseinheit:
   „Wir sind die Bremer Stadtmusikanten holla-di-ladio, wir sind die Bremer Stadtmusikanten holla-di-ladio, der Hahn macht

Kikeriki-Kikeriki, er singt so wunderbar, wir sind die Bremer Stadtmusikanten – holla-di-ladio.“ Zum Gesang hüpfen oder fliegen die Kinder wie ein Hahn im Raum umher und landen dann bei ihrem Häuschen.

5. Spiel- und Bewegungseinheit:
   Es gibt eine kurze Pause, denn nun wird besprochen, welches Kind welches Tier sein möchte. Die Fotos werden entsprechend dem Wunsch der Kinder verteilt und das gesamte Lied wird nun in Bewegung umgesetzt. Dabei kommen im Laufe des Liedes immer mehr Tiere dazu, bis am Ende alle Kinder sich im Raum bewegen.

Nun gibt es wieder eine kurze Pause. Je nach Konzentration und Beteiligung können eventuell die Rollen nochmals getauscht und das Spiellied nochmals gesungen werden. Anschließend bauen die Kinder mit der Erzieherin ein großes Räuberhaus, in dem sie zum Abschluss Tee oder Wasser trinken und Apfelstücke essen. Dabei können die Kinder sich ausruhen, erzählen, kuscheln und zur Ruhe kommen. Die Kinder helfen beim Aufräumen – dann ist das Bewegungsspiel zu Ende

Wie geht es weiter im Projekt?
Die Erzieherin beobachtet die Kinder während der sozialpädagogischen Angebote. Sie schätzt die Engagiertheit, die Beteiligung und die Wirkung der drei offenen Planungsimpulse bei den Kindern ein und tauscht sich mit den Kollegen und Kolleginnen über ihre Beobachtungen aus. Dadurch kann sich ein umfassendes Bild ergeben, das durch Gespräche mit den Eltern der beteiligten Kinder noch ergänzt werden kann. Je nach Reaktionen der Kinder können nun beispielsweise **die Tiere** mehr in den Mittelpunkt der gemeinsamen Aktivitäten gerückt werden: Bauernhoftiere können vor Ort erlebt werden, ein Hund kann die Krippe besuchen oder Bilderbücher zu den Tieren können betrachtet werden. Es kann auch **das Haus** als Thema weiterverfolgt werden: Häuserbau mit Kartons, Decken oder Bausteinen; bei einem kurzen Spaziergang ein Kind zu Hause besuchen oder ein Häuschen im Außenbereich bespielbar machen. Auch das Thema **Bewegungslied** lässt sich durch Rollenspielelemente weiter vertiefen oder es kann sich ein kleines Rollenspiel/Theaterspiel zum Märchen entwickeln.

Methodische Überlegungen zur Einführung des Märchens für Vorschulkinder (5–6 Jahre)

Materialliste:

* Zwei oder drei Tische für das Tischtheater, Stühle für Erzieherinnen und Kinder
* grüne oder braune Tücher zum Abdecken der Tische
* Esel, Hund, Katze, Hahn als Holztierset (oder aufstellbare Bilder)
* mind. zwei Räuberfingerpuppen (oder aufstellbare Bilder)
* grüne Tücher oder Tannenzapfen für den Wald,
* braune Tücher für den Misthaufen und evtl. Stroh
* kleines Körbchen mit Holzkohle und einzelnen Streichhölzern
* kleines Haus aus Bausteinen oder aufstellbares Bild
* vorbereitete Dialogkarten (siehe Fotos)
* Räuberhaus aus Tüchern

4.5 Dialogkärtchen zum Märchen „Die Bremer Stadtmusikanten" (für Vorschulkinder)

Beispiel für die Faltung

1 Foto einklappen ...

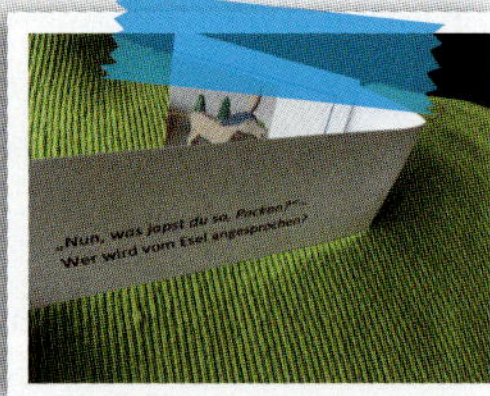

2 ... noch mal umklappen

3 Fragetext oben

„Nun, was jappst du so, Packan?" –

Wer wird hier vom Esel angesprochen?

„Nun, was ist dir in die Quere gekommen, alter Bartputzer?" –

Wer wird vom Esel so angesprochen?

„Du schreist einem ja durch Mark und Bein! Was hast du vor?" –

Wen fragt der Esel hier?

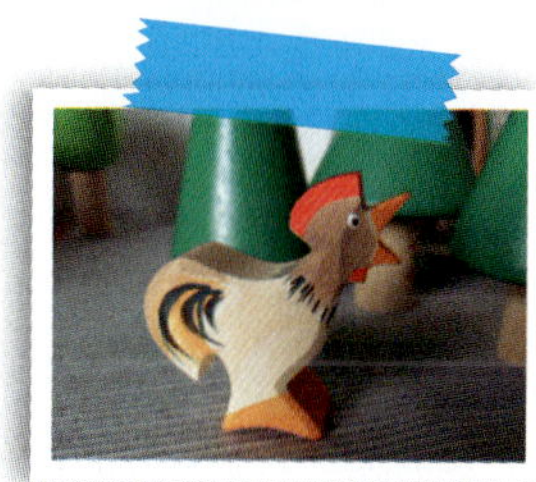

„Ach, in dem Haus sitzt eine gräuliche Hexe, die hat mir mit ihren langen Fingern das Gesicht zerkratzt." –

Wer ist damit gemeint?

„Und vor der Tür steht ein Mann mit einem Messer, der hat mich ins Bein gestoßen."

Wer ist damit gemeint?

„Auf dem Hof liegt ein schwarzes Ungetüm, das hat mit einer Holzkeule auf mich geschlagen!“ –

Wer ist damit gemeint?

„Und oben auf dem Dach, da sitzt der Richter, der rief: „Bringt mir den Schelm, bringt mir den Schelm!“ –

Wer saß oben auf dem Dach?

4.6 Puppentheater im Räuberhaus

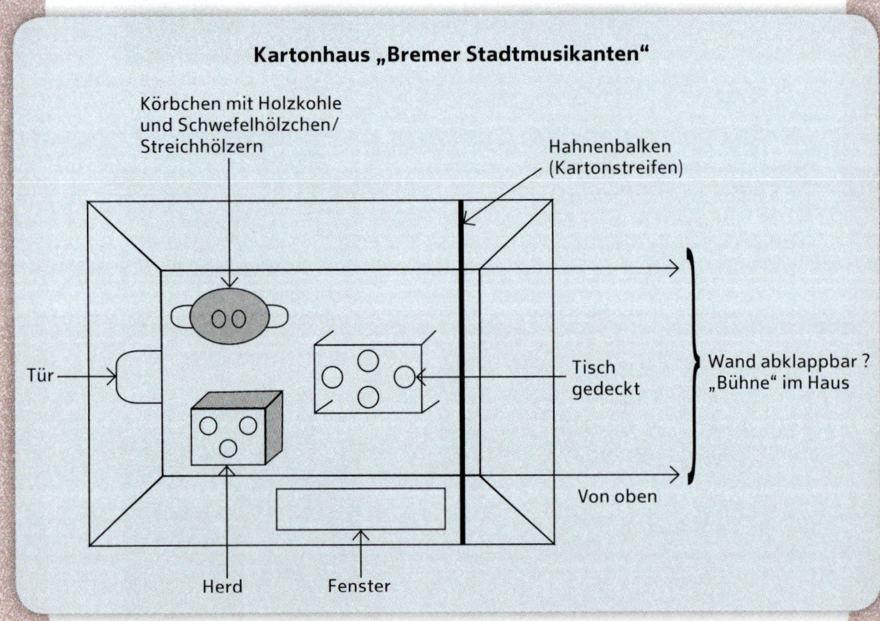

Vorbereitung:
Der methodische Ablauf lässt sich alleine, besser aber mit zwei Erzieherinnen oder Erziehern durchführen. So kann das Märchen mit verteilten Rollen und Dialogen den Kindern vorgespielt werden. Wir haben uns für diese Form der Märchenbegegnung entschlossen, da sicherlich einige Kinder das Märchen schon kennen. Durch die besondere Darbietungsform als „Puppentheater“ können auch diese Kinder aufmerksam zuhören. Die etwas komplizierten Dialoge sollten am besten vorgelesen werden. Das Vorlesen mit verteilten Rollen muss allerdings vorher geübt werden, denn es sollte mit der Stimme sprachlich gestaltet werden. Zudem benötigt das verteilte Vorlesen und Bewegen der Figuren Absprachen und Übung.

Geplanter Ablauf:

Märchentext	Handlung
Einstimmung:	Die Kinder betreten durch einen Märchenreifen (siehe S. 25) den Raum und nehmen auf den Stühlen vor der „Puppenbühne“ Platz. Die Erzieher lassen den Kindern Zeit, die aufgebaute Landschaft zu betrachten und kündigen an: Wir spielen das Märchen „Die Bremer Stadtmusikanten“.
Es hatte ein Mann einen Esel, der schon lange Jahre die Säcke unverdrossen zur Mühle getragen hatte, dessen Kräfte aber nun zu Ende gingen, so dass er zur Arbeit immer untauglicher ward. Da dachte der Herr daran, ihn aus dem Futter zu schaffen, aber der Esel merkte, dass kein guter Wind wehte, lief fort und machte sich auf den Weg nach Bremen: Dort, meinte er, könnte er Stadtmusikant werden.	Esel tritt auf.

Märchentext	Handlung
Als er ein Weilchen fortgegangen war, fand er einen Jagdhund auf dem Wege liegen, der jappte wie einer, der sich müde gelaufen hat. „Nun, was jappst du so, Packan?“, fragte der Esel. „Ach“, sagte der Hund, „weil ich alt bin und jeden Tag schwächer werde, auch auf der Jagd nicht mehr fortkann, hat mich mein Herr wollen totschlagen, da hab´ ich Reißaus genommen; aber womit soll ich nun mein Brot verdienen?“ – „Weißt du was“, sprach der Esel, „ich gehe nach Bremen und werde dort Stadtmusikant, geh mit und lass dich auch bei der Musik annehmen. Ich spiel die Laute und du schlägst die Pauken.“ Der Hund war´s zufrieden, und sie gingen weiter.	Hund tritt auf und geht zum Esel. Esel und Hund sprechen miteinander. Der Hund folgt dem Esel.
Es dauerte nicht lange, so saß da eine Katze am Weg und machte ein Gesicht wie drei Tage Regenwetter. „Nun, was ist dir in die Quere gekommen, alter Bartputzer?“, sprach der Esel. „Wer kann da lustig sein, wenn´s einem an den Kragen geht?“, antwortete die Katze, „weil ich nun zu Jahren komme und meine Zähne stumpf werden und ich lieber hinter dem Ofen sitze und spinne als nach Mäusen	Katze tritt auf und geht zum Esel. Esel und Katze sprechen miteinander.

Märchentext	**Handlung**
herumzujagen, hat mich meine Frau ersäufen wollen; ich habe mich zwar noch fortgemacht, aber nun ist guter Rat teuer: Wo soll ich hin?" – „Geh mit uns nach Bremen, du verstehst dich doch auf die Nachtmusik, da kannst du ein Stadtmusikant werden." Die Katze hielt das für gut und ging mit.	Die Katze folgt dem Hund und dem Esel.
Darauf kamen die drei Landesflüchtigen an einem Hof vorbei, da saß auf dem Tor der Haushahn und schrie aus Leibeskräften. „Du schreist einem durch Mark und Bein", sprach der Esel, „was hast du vor?" – „Da hab´ ich gut Wetter prophezeit", sprach der Hahn, „aber weil morgen zum Sonntag Gäste kommen, so hat die Hausfrau doch kein Erbarmen und hat der Köchin gesagt, sie wollte mich morgen in der Suppe essen, und da soll ich mir heut Abend den Kopf abschneiden lassen. Nun schrei ich aus vollem Hals, solang ich noch kann." – „Ei was, du Rotkopf", sagte der Esel, „zieh lieber mit uns fort, wir gehen nach Bremen, etwas Besseres als den Tod findest du überall; du hast eine gute Stimme, und wenn wir zusammen musizieren, so	Der Hahn tritt auf und schreit. Hahn und Esel sprechen miteinander.

Märchentext	Handlung
muss es eine Art haben." Der Hahn ließ sich den Vorschlag gefallen, und sie gingen alle vier zusammen fort.	Der Hahn folgt der Katze, diese dem Hund und der Hund dem Esel.
Sie konnten aber die Stadt Bremen in einem Tag nicht erreichen und kamen abends in einen Wald, wo sie übernachten wollten. Der Esel und der Hund legten sich unter einen großen Baum, die Katze und der Hahn machten sich in die Äste; der Hahn aber flog bis in die Spitze, wo es am sichersten für ihn war. Ehe er einschlief, sah er sich noch einmal nach allen vier Winden um, da deuchte ihn, er sähe in der Ferne ein Fünkchen brennen, und er rief seinen Gesellen zu, es müsse gar nicht weit ein Haus sein, es scheine ein Licht.	Die Tiere laufen in den Wald und legen sich dort hin. Nur der Hahn fliegt auf einen Baum.
Sprach der Esel: „So müssen wir uns aufmachen und noch hingehen, denn hier ist die Herberge schlecht." Der Hund meinte, ein paar Knochen und etwas Fleisch dran täten ihm auch gut. Also machten sie sich auf den Weg nach der Gegend, wo das Licht war, und sahen es bald heller schimmern, und es ward immer größer, bis sie vor ein hell erleuchtetes Räuberhaus kamen.	Esel spricht. Hund spricht. Die Tiere machen sich in der Reihenfolge – Esel, Hund, Katze, Hahn – auf den Weg zum Räuberhaus.

Märchentext	Handlung
Der Esel, als der größte, näherte sich dem Fenster und schaute hinein. *„Was siehst du, Grauschimmel?“, fragte der Hahn.*	Esel schaut durch das Fenster ins Räuberhaus, in dem die zwei Räuberpuppen sitzen. Hahn spricht – die Vorderwand des Räuberhauses wird umgeklappt, sodass die Kinder mit in das Räuberhaus sehen können. Esel spricht.
„Was ich sehe?“, antwortete der Esel. „Einen gedeckten Tisch mit schönem Essen und Trinken, und Räuber sitzen daran und lassen sich´s wohl sein.“ –	
„Das wäre was für uns“, sprach der Hahn. *„Ja, ja, ach, wären wir da!“, sagte der Esel.*	Hahn spricht. Esel spricht.
Da ratschlagten die Tiere, wie sie es anfangen müssten, um die Räuber hinauszujagen, und fanden endlich ein Mittel. Der Esel musste sich mit den Vorderfüßen auf das Fenster stellen, der Hund auf des Esels Rücken springen, die Katze auf den Hund klettern, und endlich flog der Hahn hinauf und setzte sich der Katze auf den Kopf.	Die Tiere werden zueinander gestellt. Die Tiere werden vor dem Fenster aufgebaut.
Wie das nun geschehen war, fingen sie auf ein Zeichen an, ihre Musik zu machen: Der Esel schrie, der Hund bellte, die Katze miaute, und der Hahn krähte; dann stürzten sie durch das Fenster in die Stube hinein, dass die Scheiben klirrten.	Der Esel schreit: Iah-iah! Der Hund bellt: Wau-wau! Die Katze miaut: Miau-miau! Der Hahn kräht: Kikeriki!

Märchentext	Handlung
Die Räuber fuhren bei dem entsetzlichen Geschrei in die Höhe, meinten nichts anders, als ein Gespenst käme herein, und flohen in größter Furcht in den Wald hinaus. Nun setzten sich die vier Gesellen an den Tisch, nahmen vorlieb, was übriggeblieben war und aßen, als wenn sie vier Wochen hungern sollten.	Die Räuberpuppen werden aus dem Räuberhaus entfernt und in den Wald gestellt. Die Tiere platzieren sich um den Tisch.
Wie die vier Spielleute fertig waren, löschten sie das Licht aus und suchten sich eine Schlafstätte, jeder nach seiner Natur und Bequemlichkeit: Der Esel legte sich auf den Mist, der Hund hinter die Tür, die Katze auf den Herd bei der warmen Asche, und der Hahn setzte sich auf den Hahnenbalken. *Und weil sie müde waren von ihrem langen Weg, schliefen sie auch bald ein.*	Esel geht vor das Haus zum Mistplatz. Der Hund legt sich hinter die Tür. Die Katze legt sich auf den Herd. Hahn setzt sich auf den Hahnenbalken. Schlafgeräusche.
Als Mitternacht vorbei war und die Räuber von weitem sahen, dass kein Licht mehr im Haus brannte, auch alles ruhig schien, sprach der Hauptmann; „Wir hätten uns doch nicht ins Bockshorn jagen lassen sollen", und ließ einen hingehen und das Haus untersuchen.	Räuber stellen sich im Wald zueinander – sprechen miteinander. Ein Räuber geht zurück zum Haus.

Märchentext	**Handlung**
Der Abgeschickte fand alles still, und ging in die Küche, ein Licht anzünden, und weil er die glühenden Augen der Katze für lebendige Kohlen ansah, hielt er ein Schwefelhölzchen daran, dass es Feuer fangen sollte. Aber die Katze verstand keinen Spaß, sprang ihm ins Gesicht, spie und kratzte. *Da erschrak er gewaltig, lief und wollte zur Hintertüre hinaus, aber der Hund, der da lag, sprang auf und biss ihn ins Bein;* *und als er über den Hof am Mist vorbeirannte, gab ihm der Esel noch einen tüchtigen Schlag mit dem Hinterfuß;* *der Hahn aber, der vom Lärmen aus dem Schlag geweckt und munter geworden war, rief vom Balken herab: „Kikeriki!“*	Räuber geht ins Haus, nimmt ein Streichholz und will es an der Katze „anzünden“. Katze springt den Räuber an und faucht. Räuber läuft zur Tür, Hund bellt und springt ihm ans Bein. Räuber läuft aus dem Haus zum Misthaufen – Esel schlägt mit seinen Beinen aus. Hahn ruft „Kikeriki!“
Da lief der Räuber, was er konnte, zu seinem Hauptmann zurück und sprach: „Ach, in dem Haus sitzt eine gräuliche Hexe, die hat mich angehaucht und mit ihren langen Fingern mir das Gesicht zerkratzt; und vor der Tür steht ein Mann mit einem Messer, der hat mich ins Bein gestochen; und auf dem Hof liegt ein schwarzes Ungetüm,	Räuber läuft in den Wald zurück und berichtet dem Hauptmann.

Märchentext	Handlung
das hat mit einer Holzkeule auf mich losgeschlagen; und oben auf dem Dache, da sitzt der Richter, der rief: „Bringt mir den Schelm her." Da machte ich, dass ich fortkam."	Die Räuber legen sich im Wald zum Schlafen.
Von nun an getrauten sich die Räuber nicht weiter in das Haus, den vier Musikanten gefiel's aber so wohl darin, dass sie nicht wieder herauswollten. Und der das zuletzt erzählt hat, dem ist der Mund noch warm.	Eine Erzieherin liest vor, die andere zeigt auf das Räuberhaus mit den schlafenden Tieren. Die Erzieherinnen lassen den Kindern eine Pause, um das Märchen wirken zu lassen.
Abschluss:	Die Erzieherinnen zeigen die Dialogkarten und fragen, wer von den Kindern sich erinnert, was die Tiere gesprochen haben. Die Dialogkarten werden vorgelesen und vom Kind, das geraten hat wird die Lösung aufgedeckt. Jedes Kind soll einmal gefragt werden bzw. raten.
	Ankündigung – Beim nächsten Treffen bauen wir das Märchen nach.

4.7 Bauaufgabenkärtchen zum Märchen „Die Bremer Stadtmusikanten"

WAS?

Jedes teilnehmende Kind zieht eine konkrete Bauaufgabe, die es mit Bausteinen und Legematerial umsetzt. Gemeinsam werden dann Wege bzw. Straßen zwischen den „Bauwerken" gelegt. Das Märchen wird nochmals vorgelesen/erzählt. Zum Abschluss wird das gebaute Märchen fotografiert.

WARUM?

Die Kinder vertiefen die beabsichtigten Förderbereiche (siehe Märchenanalyse und Didaktik). Sie setzen das bisher **sinnlich Wahrnehmbare des Märchens (Tischtheater) ins Abstrakte**. Sie erfahren, dass einzelne Symbole (z. B. Haus) für einen Märchentextabschnitt stehen. Hierbei abstrahieren die Kinder – eine notwendige Grundlage für das Lesen bzw. Schreibenlernen. Die Kinder erkennen **räumliche Beziehungen** (z. B. der Hund wurde zuerst vom Esel abgeholt, dann die Katze), benennen diese und setzen sie in der richtigen Reihenfolge um. Sie **erleben Einzelarbeit** und Einzelverantwortung und Stolz auf die eigene Darstellungsleistung. Die Kinder erfahren sich auch als **Teil der Gruppe**, in der sie Absprachen treffen (wer was bzw. wie er es baut) und kommunizieren müssen. Die Legearbeit fördert **feinmotorische Geschicklichkeit**, Behutsamkeit und Kreativität.

WIE?

Materialliste:

* Legematerial, z. B. „Kettmaterial“, Bausteine, Tücher, Muscheln, Perlen, Holzringe...
* Legematerial für die Wege/Straßen, z.B. lange Bausteine, Tücherstreifen
* Schälchen/Körbchen für jedes teilnehmende Kind
* Fotokamera
* Bauaufgabenkärtchen in der Anzahl der teilnehmenden Kinder – ggfs. den Wald doppelt oder die Stadt weglassen.

Aufgabe	Beispiel
Haus vom Esel bauen	

Weitere Bauaufgaben finden Sie im Begleitmaterial BuchPlusWeb.

B

Ablauf:
Im Bewegungsraum treffen sich die Kinder mit der Erzieherin an der Seite des Raumes, an der das Legematerial vorbereitet ist; blicken auf die freie Fläche des Raumes. Die Erzieherin stellt die Aufgabe vor: „Wir wollen heute das Märchen der Bremer Stadtmusikanten nachbauen. Dafür haben wir im ganzen Raum Platz. Zuerst baut jeder alleine, dann bauen wir gemeinsam. Was ihr bauen sollt, seht ihr auf einer Karte!"
Die Erzieherin nimmt ein Kärtchen und bespricht mit den Kindern die Abbildungen. Das Legematerial wird betrachtet. Die Kinder ziehen ihre Kärtchen. Danach wird die Reihenfolge im Märchen und dementsprechend das Gestalten der einzelnen Szenen geklärt: „Wer verlässt zuerst sein Haus? Wer danach?" etc.
Jedes Kind nimmt sich vom Legematerial in sein Körbchen/Schälchen und gestaltet seine Bauaufgabe nach eigenen Vorstellungen. Wenn alle fertig sind, werden gemeinsam die Wege zwischen den Häusern und dem Wald gelegt. Je nach Zeit/Konzentration der Kinder wird das Märchen vorgelesen, und das gelegte Märchen wird fotografiert.

Ein Projekt zur Einführung der Fotografie für Kinder finden Sie im Begleitmaterial BuchPlusWeb.

www.

Fotografie-Projekt: Wo fühlen wir uns wohl? Wir suchen unseren liebsten Ort im Kindergarten/im Stadtteil und gestalten einen „Stadtplan" von der Umgebung des Kindergartens

WAS?
Die Kinder werden in mindestens vier Schritten in die Fotografie eingeführt, können anschließend experimentieren und fotografieren schließlich die Orte, an denen sie sich wohl fühlen, die wichtig für sie sind.

WARUM?
* Kennenlernen der Fotokamera und ihrer Funktionen

In dem Fotografie-Projekt erweitern und erwerben die Kinder ihr Wissen rund um die Fotografie. Es werden technische Begriffe und Anwendungen kindgemäß vorgestellt und gezeigt: Auslöser, Schärfe, Blende, Zoom, Perspektiven, Formate. Dieses Wissen wird praktisch umgesetzt: Die Kinder setzen sich mit den Inhalten auseinander und experimentieren mit der Kamera.

* Fotografie als eigenes Ausdrucksmittel erleben

Die Kinder erleben die Fotografie als Ausdrucksmittel ihrer eigenen Wahrnehmung. Sie können ihre Sicht auf die Dinge und die Welt ganz individuell ausdrücken und präsentieren. Dadurch wird ihre Wahrnehmungsfähigkeit geschult, sie lernen genau hinzusehen und überlegen, wie sie das Foto mit ihren Möglichkeiten gestalten. Dies ist im weitesten Sinn auch medienpädagogisch zu sehen, da die Kinder aktiv mit den Medien umgehen.

* Projektarbeit in der Gruppe

Die Kinder agieren in dem Fotoprojekt gemeinsam: Sie tauschen sich aus, helfen und unterstützen einander, beobachten sich und lernen voneinander, korrigieren und kritisieren sich, tragen Konflikte aus, müssen kooperieren, damit gemeinsam etwas zustande kommt, und sie sind stolz auf ihre gemeinsam erreichte Leistung. Diese sozial-emotionalen Fähigkeiten werden in einer größeren Kleingruppe und zu zweit eingeübt. Dabei wird die Sprache in vielfältigster Weise gefördert:

- die Aktivitäten bieten Sprechanlässe,
- der Wortschatz wird erweitert,
- das Reden über eine ausgeführte Tätigkeit (Metaebene) wird geübt,
- die gemachten Fotos werden vor der Gruppe präsentiert.

* Auseinandersetzung und Gestaltung von Stadtplänen/Karten

„Die Auseinandersetzung mit Karten schon im Vorschulalter kann als Erwerb einer Schlüsselkompetenz bezeichnet werden: Es geht um nicht weniger als die Fähigkeit, das Wesentliche einer bestimmten Sache zu erkennen. Das erfordert Unterscheiden, Auswählen, Überprüfen – häufig in mehreren und zu wiederholenden Schritten. Es geht um das Erfassen enormer Größenunterschiede, also um Konzentration auch hier. Zudem spielt das Vorwissen eine entscheidende Rolle: Was weiß ich bereits? Woran kann ich mich erinnern? Dann die Vorstellungskraft: Fantasie und Kreativität braucht man auch beim Kartenlesen (und Kartengestalten), denn hier geht es nicht zuletzt um Übersetzungsprozesse vom Sinnlich-Wahrnehmbaren ins Abstrakte – und umgekehrt." *(Österreicher 2005, S. 27)*

Die Kinder erwerben in diesem Projektschritt auch mathematisches Grundwissen:

* Räumliche Beziehungen erkennen, beschreiben und umsetzen
* dreidimensionale Gebäude zweidimensional darstellen und umgekehrt
* Entfernungen erfassen und auf die eigene Karte übertragen

B

* Förderung der graphomotorischen Fähigkeiten – Grundlage für das Schreiben lernen
* Integration der sinnlichen Wahrnehmung in die feinmotorische Geschicklichkeit
* Fähigkeit der Kraftdosierung mit dem Stift und auf dem Blatt Papier
* Fähigkeit zum Einhalten von Richtungen und Linien
* Auge-Hand-Koordination
* Ausprägung einer klaren Händigkeit

Die Kinder wählen Eigenschaften, die zu ihnen passen, schneiden diese aus und kleben sie auf ein Blatt (DIN A2) zu ihrem Foto. Je nach Zeit und Konzentration stellen die Kinder ihre Symbole/Fähigkeiten vor. Die anderen Kinder überlegen, was noch zu ihnen passen würde. Hier soll nur positive Rückmeldung gegeben werden. Die Collage kann in den Portfolio-Ordner geheftet oder aufgehängt werden.

Hier einige Beispiele für Symbolkärtchen. Weitere finden Sie im Begleitmaterial BuchPlusWeb.

www.

Gut eine Gruppe anführen	

Aufmerksam sein, „Stopp“ sagen können	

Gut die Krallen zeigen können, kampfbereit sein	

Wie geht‘s weiter im Projekt?
Wie bei jedem Märchenprojekt beobachtet die Erzieherin die Kinder bezüglich ihrer Beteiligung und ihrer Engagiertheit bei den einzelnen Impulsen. Auch das Verhalten nach den Impulsen in der Freispielzeit sollte bei einer Weiterführung mit einbezogen werden. Zudem können die Kinder im Vorschulalter durchaus mit Glassteinen abstimmen:

- Für das Foto mit dem gebauten Märchen und dann für weitere Bauprojekte oder
- für das Thema „Stärken“ und eine Weiterarbeit am Thema „Ich bin ich“.

Je nach Ausgang der Abstimmung sollte die Erzieherin zuerst Ideen und Vorschläge der Kinder sammeln. Was lässt sich davon verwirklichen?
Mögliche Vorschläge wären:

- Bauprojekte wie den „Eifelturm“ nachbauen, den „Fröbelturm“ mit der Geschichte des Baumeisters erzählen, einen Zoo für alle Tiere bauen, mit Kartons bauen ...
- Das Thema „Stärken“ lässt sich gut mit den Bilderbüchern vertiefen, z. B. „Das große starke Buch“ von Susana Isern und Rocio Bonilla (Jumbo Verlag 2020) und als Klassiker das Bilderbuch „Das kleine Ich bin ich“ von Mira Lobe (Jungbrunnen Verlag 1972). Anschließend wäre eine Weiterführung mit Ganzkörperdarstellung und der Überlegung, was jeden Einzelnen ausmacht, möglich.

Arbeitsgemeinschaft Jeux Dramatiques (Hrsg.): Ausdrucksspiel aus dem Erleben Band 1, 4. Aufl., Zytglogge Verlag, Bern 1999.

Baden-Württemberg Stiftung (Hrsg.): Dialoge mit Kindern führen, Verlag das netz, Weimar/Berlin 2011.

Bayerisches Staatsministerium für Arbeit und Sozialordnung, Familie und Frauen & Staatsinstitut für Frühpädagogik: Der Bayerische Bildung- und Erziehungsplan für Kinder in Tageseinrichtungen bis zur Einschulung (BayBEP), Cornelsen Verlag, Berlin 2012.

Bandura, Albert: Lernen am Modell, Ansätze zu einer sozial-kognitiven Lerntheorie, Klett-Cotta Verlag, Stuttgart 1994.

Bensel, Joachim; Haug-Schnabel, Gabriele; Aselmeier, Maike: Prozessqualität in verschiedenen Formen der Altersmischung in der Kindertagesbetreuung – Macht‘s die Mischung? Studie im Auftrag der Gesellschaft für Erziehung und Wissenschaft (GEW), Baden-Württemberg, Stuttgart 2015.

Bettelheim, Bruno: Kinder brauchen Märchen, Deutscher Taschenbuchverlag, Stuttgart 1980.

Büchin-Wilhelm, Jaszus: Fachbegriffe für Erzieherinnen und Erzieher, 2. Aufl., Verlag Holland+Josenhans, Stuttgart 2003.

Brüder Grimm: Die Kinder- und Hausmärchen der Brüder Grimm, Der Kinderbuch Verlag in der Verlagsgruppe Beltz, Weinheim 2012.

Colshorn Carl und Theodor: Märchen und Sagen aus Hannover, Edition Holzinger, Taschenbuch, 3. Aufl., Berliner Ausgabe 2015 (Erstveröffentlichung im Rümpler Verlag: Hannover 1854).

Diergarten, Anne; Smeets, Friederike: Komm, ich erzähl dir was – Märchenwelt und kindliche Entwicklung, Kösel Verlag, München 1987.

Ellermann, Walter: Bildungsarbeit im Kindergarten erfolgreich planen, Beltz Verlag, Weinheim 2004.

Fiebich, Gabriele: Tierschutz als frühkindlicher Bildungs- und Erziehungsauftrag, 14.01.2015; In: Online-Familienhandbuch, Staatsinstitut für Frühpädagogik und Medienkompetenz (IFP) (Hrsg.), München. Abrufbar unter:https://www.familienhandbuch.de/babys-kinder/bildungsbereiche/mathematik/tierschutzalsfruehkindlicherbildungsuerziehungsauftrag.php [10.06.2022]

Frei, Heidi: Jeux Dramatiques mit Kindern Band 2, Zytglogge Verlag, Bern 1990.

Fromm, Erich: Märchen, Mythen, Träume: Eine Einführung in das Verständnis einer vergessenen Sprache. 22. Aufl., Rowohlt Verlag, Hamburg 1981.

Fthenakis, Wassilios in Betrifft Kinder 08/09 2007: Auf den Anfang kommt es an – Die Qualität von Bildungsprogrammen, die Dilemmata deutscher Bildungspolitik und Perspektiven der Entwicklung. Verlag das Netz, Kiliansroda 2007.

Fürst, Helbig, Schmitt: Kinder- und Jugendliteratur, 4. Aufl., Bildungsverlag EINS, Köln, 2018.

Geister, Oliver: Kleine Pädagogik des Märchens, 4. Aufl., Schneider Verlag, Baltmannsweiler 2019.

Glück, Karsten; Sommerland, Simone & die Kita-Frösche; Audio-CD, Lamp & Leute (Universal Music) Berlin; abrufbar unter: https://www.youtube.com/watch?v=KUU5gNPpJ70 [Stand: 30.01.2022]

Groß, Cornelia; Neue Geschichtensäckchen zu Lieblingsthemen in Krippe und Kita, Verlag Mühlheim an der Ruhr 2018.

Hebenstreit-Müller, Sabine: Schema-Play; Selbst-/Bildungsprozesse von Kindern beobachten und verstehen; In: Betrifft Kinder 03-04/2020, Verlag das Netz, Kiliansroda 2020.

Heseler, Anne: Der dicke fette Pfannkuchen, nacherzählt und illustriert von Anne Heseler, Coppenrath Verlag, Münster 2006.

Jugendstiftung Baden-Württemberg (Hrsg.): Stärken – Kompetenzen – Qualifikationen. Das Praxisheft zur ressourcen- und lösungsorientierten Arbeit mit Jugendlichen, 2. Aufl. Stuttgart 2014.

Kessel, Fabian; Reutlinger, Christian: Sozialraum. Eine Einführung, VS Verlag, Wiesbaden 2010.

Klement, Simone; Bohnstedt, Antje: Die Bremer Stadtmusikanten – Kamishibai Bildkartenset, Don Bosco Verlag, München 2019.

Krempien, Christiane (Hrsg. Peter Thiesen): 50 Bildnerische Techniken. Ein Aktionsbuch für Kindergarten, Schule und Familie. Beltz Verlag, Weinheim 1994.

Krenz, Armin: Was Kinderzeichnungen erzählen. Kinder in ihrer Bildsprache verstehen, 2. Aufl., Verlag modernes Lernen, Dortmund 2004.

Lück, Gisela: Handbuch der naturwissenschaftlichen Bildung. Theorie und Praxis für die Arbeit in Kindertageseinrichtungen, Verlag Herder, Freiburg 2015.

Lück, Gisela: Kinder interessieren sich früh für Experimente, in: Klett Themendienst, Schule-Wissen-Bildung Nr. 18 (4/2003). Abrufbar unter: https://www.klett.de/sixcms/media.php/321/13_16.95500.pdf [Stand: 24.01.2022].

Lüthi, Max: Das europäische Volksmärchen – Form und Wesen, UTB, 11. Aufl., Stuttgart 2005.

Lüthi, Max: Das Volksmärchen als Dichtung. Ästhetik und Anthropologie, E. Diederichs Verlag, Düsseldorf 1975.

Meade, Anne/Pam Cubey: Thinking children. Learning about Schemas,London, McGraw-Hill Education, 2008.

Meier, Karl-Ernst: Jugendliteratur – Formen, Inhalte, pädagogische Bedeutung, 10. Aufl., Klinkhardt Verlag, Bad Heilbrunn 1993.

Ministerium für Kultus und Sport Baden-Württemberg: Orientierungsplan für Bildung und Erziehung in baden-württembergischen Kindergärten und weiteren Kindertageseinrichtungen. 2. Aufl., Fassung vom 15. März 2011, Herder Verlag, Freiburg 2014.

Österreicher, Herbert: Es atmet und bewegt sich – es lebt. In: Klein&Groß, Heft 5/2005, S. 6–10. Oldenbourg Verlag, München 2005.

Österreicher, Herbert: Wissen, wo's lang geht! Mit Kindern Karten und Stadtpläne erkunden. In: Kindergarten heute, Heft 8/2005, Herder Verlag, Freiburg, S. 26–31.

Pramling Samuelsson, Ingrid; Carlsson Asplund, Maj: Spielend lernen. Stärkung lernmethodischer Kompetenzen, Bildungsverlag EINS, Troisdorf 2007.

Reichert-Garschhammer, Eva & Ko-Kita-Netzwerk Bayern (Hrsg. Staatsinstitut für Frühpädagogik): Schlüssel Projektarbeit – ein Positionspapier, München, als Download unter: http://www.ifp.bayern.de/imperia/md/content/stmas/ifp/ko-kita/gelingendebaybep-umsetzung_projektarbeitinkitas_positionspapier_stand_05-07-2012.pdf [Stand: 18.01.2022].

Reichert-Garschhammer, Eva u.a.: Projektarbeit im Fokus. Fachliche Standards und Praxisbeispiele für Kitas. Cornelsen Skriptor, Berlin 2013.

Reichert-Garschhammer, Eva: Arbeiten in Projekten – Fachliche Standards für gute Projektarbeit. In: Kindergarten heute, 5/2014, Herder Verlag, Freiburg 2014.

Schaufelberger, Hildegard: Märchenkunde für Erzieher – Grundwissen für den Umgang mit Märchen, Herder Verlag, Freiburg 1999.

Scherzer, Gabi: Der dicke fette Pfannkuchen. Ein Märchen mit Figuren und Kulissen zum Ausschneiden für die Erzählschiene. Verlag Don Bosco, München 2020.

Schneider, Liane; Görrissen, Janina: Conni backt Pfannkuchen, 5. Aufl., Carlsen Verlag, Hamburg 2020.

Schnelle, Regine (wiff): Die Bedeutung der Fachkraft im frühkindlichen Bildungsprozess – Didaktik im Elementarbereich, Deutsches Jugendinstitut e.V., München 2011.

Schödel, Siegfried (Hrsg.): Märchenanalysen, Reclam Verlag, Stuttgart 2018.

Schultze, Barbara: Was hat Rhythmik mit Bildung zu tun? In: Kindergarten heute 8/2005, Herder Verlag, Freiburg 2005.

Schwarz, Horst: Märchen aus aller Welt zum Mitmachen, 3. Aufl., Cornelsen Verlag Scriptor, Berlin 2009.

Stöcklin-Meier, Susanne: Von der Weisheit der Märchen, 4. Aufl., Kösel Verlag, München 2004.

Strehmel, Petra: Wovon hängt „gute Bildung" tatsächlich ab? In: Kindergarten heute, 1/2008, Herder Verlag, Freiburg 2008.

Stumpfe, Ortrud: Die Symbolsprache der Märchen, Aschendorff Verlag, Münster 1992.

Tietze, Wolfgang; Becker-Stoll, Fabienne; Bensel, Joachim; Eckhardt, Andrea; Haug-Schnabel, Gabriele; Kalicki, Bernhard; Keller, Heidi; Leyendecker, Birgit (Hrsg.): NUBBEK, Nationale Untersuchung zur Bildung, Betreuung und Erziehung in der frühen Kindheit. Erstlauflage, Verlag das Netz, Berlin 2013.

Ulich, Michaela; Oberhuemer, Pamela (Hrsg.): Es war einmal, es war keinmal ... 4. Aufl., Beltz Verlag, Weinheim 2005.

Wagner, Elisabeth: Orff-Instrumente kennenlernen. Ausgearbeitete Ideen für das Kindergartenjahr, Don Bosco Verlag, München 2012.

Wiener, Sarah – Stiftung: Merkblatt, Gute Hygienepraxis beim pädagogischen Kochen mit Kindern, 1. Aufl., August 2019, abrufbar unter: https://sw-stiftung.de/fileadmin/content/00_startseite/03_Projekte/190802_SWS_Merkblatt_gute_Hygienepraxis_Online.pdf [Stand: 16.01.2022].

Wilkes, Johannes: Was Märchen zur psychischen Gesundheit von Kindern und Jugendlichen beitragen, In: TelevIZIon, Heft 29/2016/1 Märchen, S. 50–53; Internationales Zentralinstitut für das Jugend- und Bildungsfernsehen (IZI), München 2016, abrufbar unter: https://www.br-online.de/jugend/izi/deutsch/publikation/televizion/29_2016_1/Wilkes_Was_Maerchen_zur_psychischen_Gesundheit.pdf [Stand: 26.01.2022].

Wagner, Ulrike; Eggert, Susanne; Schubert, Gisela: MoFam – Mobile Medien in der Familie. Studie. Langfassung 2016, Institut für Medienpädagogik, URN: urn:nbn:de:0111-pedocs-160868.

Vom Wege, Brigitte; Wessel, Mechthild: Praxisbuch Kinderliteratur für die sozialpädagogische Ausbildung, Stam Verlag, Köln 1999.

Internetseiten [Stand: 18.01.22]

Videofilm Biene: „Ich kenne ein Tier... und das hat Stacheln" https://www.ardmediathek.de/ard/player/Y3JpZDovL3N3ci5kZS9hZXgvbzEyODUzMTk

Filme über die Ente: Enten-Lobhudelei: Die Maus wird 50/07.03.2021
https://Kinder.wdr.de>TV>DieSendungmitderMaus

Löwenzähnchen: Ente
www.zdf.de>ZDFtivi>

Bearbeitung und Aufnahme von Audiofiles mit der kostenlosen Audiosoftware Audacity:
http://audacity.sourceforge.net/
Erklärungen gibt es dazu unter: http://medienkindergarten.wien

NACHWORT

Wir hoffen, Sie und Ihre Kinder hatten schöne und intensive Erlebnisse mit den von uns vorgeschlagenen Märchenprojekten. Über Ihre Berichte und Rückmeldungen freuen wir uns und bitten Sie deshalb, diese über den Verlag an uns weiterzuleiten.

Wir, das sind:

Elke Helbig, Erzieherin, Diplom Sozialpädagogin und Studiendirektorin der Fachschule für Sozialpädagogik, Fachbuchautorin.

Traudel Sieber, Erzieherin, Diplom Sozialpädagogin, unterrichtende Lehrkraft an verschiedenen Fachschulen für Sozialpädagogik im In- und Ausland, Fachbuchautorin und Fotografin.

Anna Göbel, Buchillustratorin, Künstlerin mit eigenem Atelier, Kunsterzieherin im allgemeinbildenden Bereich.

Unser Dank gilt:

Monika Fuhrmann, die sich für Fotografien zur Erläuterung der Märchengesten zur Verfügung gestellt hat, Josef und Katharina Ruppel für die Unterstützung bei der kreativen Ausgestaltung der Märchen, Mauricio Sieber für die technische Unterstützung und unseren Praxiskindergärten im Rhein-Neckar-Raum, in denen wir viel erleben, viele Erfahrungen und Inspirationen mitnehmen konnten.

Alamy Stock Photo (RMB), Abingdon/Oxfordshire: Naoumova, Irina 42.7.

Carlsen Verlag GmbH, München: 49.2.

Don Bosco Medien GmbH, München: 49.1.

Fabiola Quadflieg, Köln: 1.2, 3.2, 6.2, 11.1, 15.1, 19.2, 30.1, 32.1, 33.3, 34.3, 42.1, 43.1, 46.1, 51.1, 52.1, 52.4, 53.1, 55.1, 58.2, 66.1, 79.2, 85.1, 94.1, 98.1, 100.1, 102.1, 104.2, 115.2, 119.1, 125.1, 128.1, 139.1.

Fischer, Andreas, Köln: Titel, Titel, Titel, Titel, Titel, Titel.

fotolia.com, New York: Kneschke, Robert 18.1; monropic 42.2.

Göbel, Anna, Jardins de Petrópolis, Nova Lima: 7.2, 19.3, 25.1, 31.1, 31.3, 32.3, 32.4, 33.2, 33.4, 34.2, 34.4, 34.5, 35.1, 36.1, 37.1, 38.1, 38.2, 41.1, 41.2, 41.3, 41.4, 43.2, 43.3, 46.2, 58.3, 67.1, 67.2, 67.3, 67.4, 67.5, 67.6, 68.1, 68.2, 68.3, 68.4, 69.1, 69.2, 69.3, 70.1, 71.1, 71.2, 72.1, 73.1, 74.2, 74.3, 75.1, 79.3, 104.3, 113.1, 113.2, 113.3, 114.1, 115.1.

Helbig, Elke, Weinheim: 11.2, 25.2, 51.2, 51.3, 51.4, 52.2, 52.3, 52.5, 52.6, 53.2, 53.3, 53.4, 53.5, 53.6, 53.7, 53.8, 53.9, 73.2, 73.3, 74.1, 86.1, 86.2, 86.3, 87.1, 87.2, 87.3, 87.4, 88.1, 88.2, 88.3, 88.4, 89.1, 89.2, 89.3, 96.1, 96.5, 96.7, 98.2, 100.2, 102.2, 115.3, 115.4, 115.5, 120.1, 120.2, 120.3, 121.1, 121.2, 122.1, 122.2, 124.1, 124.2, 124.3, 128.2, 128.3, 128.4, 129.1, 129.2, 129.3, 129.4, 129.5, 130.1, 130.2, 139.2.

Picture-Alliance GmbH, Frankfurt a.M.: blickwinkel/Koenig, R. 42.6.

Shutterstock.com, New York: Kalinovsky, Dmitry 41.5; MNStudio 90.1; New Africa 13.1, 13.2; sanddebeautheil 42.5; sumire8 Titel.

stock.adobe.com, Dublin: anrufbeantworta 32.2; Bank-Bank 46.3; BGStock72 24.1; fablok 96.3; Gnidash, Vadim 96.4; Jung, Christian 42.3; kikimor 42.4; kiyopayo 142.1; Kneschke, Robert 17.1; kore kei 19.1, 34.1, 58.1, 79.1, 104.1; Krakenimages.com 142.2; Kuzmin, Andrey 1.1, 3.1, 4.1, 5.1, 6.1, 7.1, 8.1; Lobanov, Dmitry 16.2; max8xam 96.2; monropic 9.1, 33.1; Novikov, Sergey 15.2; nuzza11 16.3; Picture-Factory 18.2; Pixel-Shot 17.4; PixPartout 16.1; Postumitenko, Konstantin 143.1; Prazis Images 31.2; shapovalphoto Titel; struvictory 96.6; Tennert, Manuel 17.3; tommoh29 17.2; ZORAN ORCIK 96.8.